故宫
院长说
故宫

李文儒 著

紫禁城六百年

帝王之轴

中信出版集团 | 北京

图书在版编目（CIP）数据

紫禁城六百年：帝王之轴 / 李文儒著. -- 北京：
中信出版社, 2020.6 （2020.8 重印）
（故宫院长说故宫）
ISBN 978-7-5217-1131-8

Ⅰ. ①紫… Ⅱ. ①李… Ⅲ. ①故宫－北京－通俗读物
Ⅳ. ①K928.74-49

中国版本图书馆CIP数据核字(2019)第223030号

紫禁城六百年——帝王之轴

著　　者：李文儒
出版发行：中信出版集团股份有限公司
（北京市朝阳区惠新东街甲4号富盛大厦2座　邮编　100029）
承 印 者：北京盛通印刷股份有限公司

开　　本：660mm × 970mm　1/16　　印　　张：17　　字　　数：180千字
版　　次：2020年6月第1版　　印　　次：2020年8月第2次印刷
书　　号：ISBN 978-7-5217-1131-8
定　　价：78.00元

李文儒
2020.10

我看故宫

紫禁城已经落成 600 年：近 500 年的皇宫，近 100 年的故宫博物院。

紫禁城作为帝制统治核心功能的终结，是民主革命的结果；皇帝的旧宫殿转型为人民的博物馆，是民国时代的文化革新与新文化建设的结果。在紫禁城这样一个空间不曾改动的空间中，随着时间的流动，演绎着和累积着皇朝与民国、君主与民主、集权与公权的对峙与交替。

紫禁城是皇帝建造的，是为皇帝建造的。如所有的帝王一样，建造紫禁城的明朝永乐皇帝朱棣希望朱家的帝业承传万世；但他绝对想象不到，几百年之后，他的宫殿作为世界文化遗产，作为世界上保存最为完整、规模最大的中国皇宫建筑群，成了全世界参观人数最多的游览胜地。

这么多人涌进昔日的皇家禁地自由自在地参观博物馆的时候，有多少人是在现代理念观照下理性地解读他们观看着的古老的紫禁城？有多少人是在现代理念观照下感性地领悟他们观看着的古老的紫禁城？又有多少人在思索、探寻理性解读与感性领悟之间的碰撞与纠结？

长达 500 多年的明清两代，将已够漫长的帝制皇权推向极端与腐朽。几千年来积累和发展起来的以皇权帝制为核心的宫廷文化，是传统文化的组成部分。传统文化不都包括在宫廷文化中，但宫廷文化无疑是帝制时代的核心文化、主导文化、主流文化。和产生这种文化的已被终结的帝制性质一样，宫廷文化从整体上看，并不是应当以承传为主的优秀传统文化，而是应当以抛弃为主的非优秀传统文化。

以现代社会追求的价值观和努力创造的现代文明，回望漫长的帝制时代

的制度文化、政治文化、社会文化、审美文化，则会更加清醒地认识到帝制文化中以帝王为轴心的利益集团对权力、财富、美色的攫取霸占、争夺交换，以及由此形成的习惯性行为与意识，是对现代文明建设为害最大的恶劣遗产。而更为有害的是，今天仍然存在自觉不自觉地站在帝王的立场上，以帝王的视角与口吻，对这一切津津乐道的现象。

“以史为镜，可以知兴替；以人为镜，可以明得失。”以历史为鉴戒，是我们传承至今的一个非常优秀的传统。中国近现代以来的历史巨变——辛亥革命的终结帝制、抗日战争的胜利、中华人民共和国的建立，尤其是改革开放取得的伟大成就，正是鉴戒和告别了几千年帝制，特别是接受了帝制末期的愚昧、守旧、封闭、专制的沉痛教训，走上革命、民主、文明与创新的崭新道路的结果。

历史是用来研究借鉴、批评反思的，不是供后人模仿膜拜的。以皇宫文化为代表的传统帝制文化遗存，与以博物馆为代表的现代公共文化建设，是两种性质完全不同的文化形态。作为博物馆的现在的故宫博物院，是引导人们理性认识帝制文化、皇权文化的“标本”，而不是向人们炫耀和展示皇权文化、宣扬“明君”“圣上”的“圣地”，不是对“天子的宫殿”“天子之宝”的精神跪拜之地。

在现代文明、现代文化建设中，对待文化遗产，对待传统文化，对待优秀传统文化，采取反思、鉴戒、创造性转化、创新性发展的立场和态度，是我们的必然选择。

目录

视觉转换

中轴引领

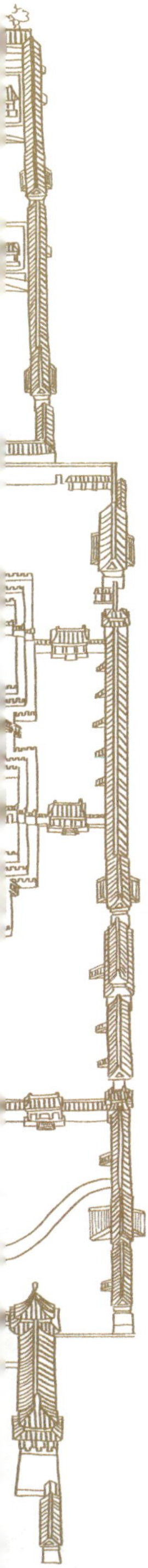

“太和”在上

天地家国

视觉转换

由皇宫转变为博物馆，是社会革命的结果。由传统皇权帝制文化形态转型为现代博物馆文化形态，是传统文化形态向现代文化形态转型的结果。

在紫禁城这样一个空间不曾改动的空间中，随着时间的流动，演绎着和累积着皇朝与民国、君主与民主、集权与公权的对峙与交替。

现在的故宫博物院，不是向人们炫耀和展示皇权文化、宣扬『明君』『圣上』的『圣地』，不是对『天子的宫殿』『天子之宝』的精神跪拜之地，而是引导人们理性认识帝制文化、皇权文化的『标本』。

从皇宫到博物院

位于北京城中心的明清皇宫紫禁城，早已成为“故宫”，现在准确的名称是“故宫博物院”。紫禁城北门神武门的正中，镌刻着五个大字：故宫博物院。

从皇宫到博物院，紫禁城经历了三个历史阶段，呈现着三种文化形态。

第一阶段是皇宫。明朝永乐四年（1406）筹建，永乐十五年（1417）开工，永乐十八年（1420）落成。从明成祖朱棣到中国末代皇帝溥仪，历明清两朝，计24位皇帝在此执政、居住。明亡后、清军入关前，还有李自成短暂入住称帝，紫禁城共历皇帝25位。

第二阶段是故宫（历史上的故宫多地多处，凡以往帝王的宫殿都叫故宫）。1911年辛亥革命终结了中国的帝制，皇帝退位，紫禁城成为故宫。故宫的前半部分归中华民国政府管辖，成立古物陈列所，向博物馆方向迈进；故宫的后半部分仍由以逊帝溥仪为首的“小朝廷”居住使用。

第三阶段是故宫博物院。1924年11月，溥仪被“请”出故宫。1925年10月10日，神武门挂出“故宫博物院”的匾牌。10月10日下午2时，故宫博

从正对神武门的景山上看紫禁城。在灿烂的阳光照耀下，虽然四面八方不断拔地而起的高楼大厦一再迫使原本高高在上的皇宫陷落在现代都市的谷地之中，但还是难以淹没紫禁城建筑的壮丽辉煌。↑

紫禁城北门神武门。大部分观众参观之后，从这里走出故宫博物院。↓

故宫博物院

物院成立暨开院典礼在乾清门前隆重举行。选择辛亥革命纪念日、中华民国国庆日宣告故宫博物院成立，其意甚远。故宫博物院理事长李煜瀛报告筹备经过。一度代理国务总理摄行大总统职权的黄郛在典礼上讲话："今日开院为双十节，此后是为国庆与博物馆之两层纪念。如有破坏博物院者，即为破坏民国之佳节，吾人宜共保卫之。"外交部部长王正廷讲话："今日故宫博物院开幕，敝人发生两种感想：一即真正收回民权，二即双十节之特殊纪念。"一年前作为北京卫戍司令"请"溥仪出宫的鹿钟麟讲话："大家听过逼宫这出戏，人也指我去年所做之事为逼宫，但彼之逼宫为升官发财，或做皇帝而为，我乃为民国而逼宫，为公而逼宫。"报纸报道开院观众参观状："宫殿穿门别户、曲折重重，人多道窄，汹涌而来，拥挤至不能转侧。殿上几无隙地，万头攒动，游客不由自主矣！且各现满意之色，盖三千年帝国宫禁一旦解放，安得不惊喜过望，转生无穷之感耶？"至此，与故宫的前半部分一起，昔日禁备森严的皇宫从此成为公众自由出入的博物馆。

紫禁城作为帝制统治核心的终结，是民主革命的结果；皇帝的旧宫殿转型为人民的博物馆，是民国时代的文化革新与新文化建设的结果。在紫禁城这样一个空间不曾改动的空间中，随着时间的流动，演绎和见证着皇朝与民国、君主与民主、集权与公权的对峙与交替。

谁都知道，紫禁城是皇帝建造的，是为皇帝建造的。如所有的帝王一样，建造紫禁城的明朝永乐皇帝朱棣希望朱家的帝业承传万世；但他绝对想象不到，几百年之后，他的宫殿却作为世界文化遗产，作为世界上保存最为完整、规模最大的中国皇宫建筑群，成了全世界参观人数最多的游览胜地（2019 年参观人数超过 1 900 万）。

在涌进昔日的皇家禁地自由自在地参观博物馆的人群中，以及它的保护者、管理者、传播者中，有多少人是在现代理念观照下理性地解读古老的紫禁城的？有多少人是在现代理念观照下感性地领悟紫禁

由我主编的《紫禁城》杂志 2005 年“故宫博物院 80 年专号”封面。由紫禁城北门神武门上不同时代的两个“故宫博物院”匾额组成。上为 1925 年故宫博物院成立时，故宫博物院理事长李煜瀛在文书科内，粘连丈余黄毛边纸铺于地，半跪着用大抓笔书写。下为 1971 年故宫博物院重新开放时，郭沫若题写于故宫，写在几张打印有文字的纸的背面，经放大处理制成匾额，沿用至今。

城的？又有多少人在思索、探寻理性解读与感性领悟之间的碰撞和纠结？

我组织过观众调查。发现有相当多的观众在离开故宫时，还在询问：“故宫博物院在哪里？”我也发现不少人确实是抱着朝拜所谓金銮宝殿、皇帝宝座、皇家宝贝的想法进故宫的，离开时也确实更加强化了这种想法。真是——“何所闻而来？何所见而去？”

长达 500 多年的明清两代，将已够漫长的帝制皇权推向极端与腐朽。历史是用来研究借鉴、批评反思的，不是供后人模仿膜拜的。以皇宫文化为代表的传统帝制文化遗存，与以博物馆为代表的现代公共文化建设，是两种性质完全不同的文化形态。作为博物馆的故宫博物院，是引导人们理性认识帝制文化的“标本”，而不是让人们崇拜皇权“明君”、向往权力财富及所谓“宝贝”的“圣地”。

一眼看尽 600 年

观看紫禁城最好的位置，是景山公园里景山最高处的万春亭，与紫禁城北门神武门仅一街之隔。

这么一处绝好的看点，其实是皇帝们早就安排好的。

元大都的皇宫御苑与明清皇宫御苑的范围相差并不是很大。元朝的皇帝虽然不是特别地讲究——他们觉得逐水而居很适合他们的脾性，但附近得有座山，哪怕不高不大。于是，挖太液池（今北海）的泥土便堆成一座“青山”，帝后们就可以有山有水地游逛了。

明朝的朱棣很讲究，要高大上，既要镇压元朝的王气，还要为自家王朝建造坚实的“靠山”。于是，把摧毁的元朝宫殿的垃圾，把开挖紫禁城护城河的泥土，一并堆压在元朝御苑的小青山上。于是，这镇山、“靠山”一下子就高大起来。再命以“万岁山”之名，虽然还是供帝后们游逛，但感觉就大不一样了。崇祯皇帝在登基之前，肯定在万岁山上欣赏过他家的宫殿，直至死到临头，还要挣扎着爬上万岁山，最后朝南看一眼他的紫禁城，朝北望一望他家的皇陵，自骂一声“无面目见祖宗”，然后

在海拔 88.7 米高的景山万春亭南望，每当大雪飘落，远近高低的一切变得朦胧，眼前的紫禁城才恢复了遗世独立的状貌。↑

向北，是御苑内主体建筑寿皇殿；御苑北，是皇城北大门地安门（明称北安门）；再往北，是晨钟暮鼓的鼓楼、钟楼；再往北，望不见的地方，则是明代皇帝们的陵地——天寿山和“燕山雪花大如席”的燕山山脉。→

景山西，近处是以琼华岛的白塔为中心的北海。北海与南面的中海、南海组成以荡漾的水面为主的皇宫西苑，比紫禁城还要大许多。远处的西山，向北往东，就与燕山连在一起了。由近及远，由远及近，近处的靠山依水，远处的山环水绕，紫禁城都拥有了。↓

走向那棵歪脖子树，了结了自己，也了结了一个长达 276 年的皇朝。

清朝的皇帝更讲究，干脆把山名改为“景山”。最讲究的当然是乾隆。乾隆皇帝最讲究在景山上怎样更方便、更爽快地观赏他的紫禁城。他在山前建绮望楼，在山上依山就势建观赏亭。一座不够，要五亭排列，要移步换景，要错落有致。他在山后重修寿皇殿建筑群，供奉列祖列宗。这样一来，游逛的内涵就更丰富了，欣赏起自家的宫殿就更得意了。

这座元明清三代皇宫后面的人造之山，既是皇帝的镇山、“靠山”、万岁江山，也是他们自得、自大、自高、自恋之山，还是他们的自灭之山、自逃之山、下台之山，更是中国皇权帝制的终结之山。1924 年 11 月 5 日，京畿卫戍司令鹿钟麟奉民国政府令，带兵进入紫禁城，“请”溥仪清室“小朝廷”即刻出宫。面对清室的纠缠拖延，鹿钟麟望望景山向随从说：“时间虽然已到，但尚有商量余地，传我命令，先不要开炮。”溥仪等一听，立即在《修正清室优待条件》上签字，乖乖地由鹿钟麟护送，匆匆出宫。37 年后的 1961 年，在全国政协纪念辛亥革命 50 周年活动中，溥仪与鹿钟麟相逢。溥仪说：“你安排在景山上的大炮真可怕。”鹿钟麟说：“哪里有炮，吓唬你的。”两人握手，相对哈哈大笑。

今天的景山，可谓最佳的反思历史之山、感悟历史之山。站在北京城中轴线制高点的景山山顶，极目东西南北，思接古往今来：明兴明灭，清兴清灭，经民国至中华人民共和国——600 年大变局历历在目。

今天的景山，可谓中国古代建筑文化和建筑艺术的最佳观赏之山、审美之山。在这里看 600 年的紫禁城：丽日蓝天，云卷云舒，雨雪阴晴，朝晖夕映，气象万千。

像鸟儿那样看故宫

紫禁城落成后，像以往历朝历代的皇宫一样，照例需要一些歌功颂德的诗赋。永乐皇帝朱棣让他认为最有才华的臣子去写。文渊阁大学士杨荣、金幼孜都写了《皇都大一统赋》，李时勉写了《北京赋》。除了照例歌颂“圣王”永乐皇帝外，主体还是隆重描述紫禁城的。从那些华丽铺排的辞藻中，大体可以知道一些关于紫禁城的规划设计观念。

杨荣赋中有这样的词句：

> 既应天以顺人，爰辨方而正位……乃相乃度，载经载营……西接太行，东临碣石。巨野亘其南，居庸控其北。势拔地以峥嵘，气摩空而崱屴……包络经纬，混混无穷。贯天河而为一，与瀛海其相通……梢横青天，根连地轴……仰在天之神灵，隆万古之尊号……北通朔漠，南极闽越，西跨流沙，东涉溟渤……

这些词句看起来很玄虚很缥缈，然而，正是这样的大思路、大视野，对紫禁城的营建起着决定性的作用。

古代绝没有现代的科技水平，没有航测遥感，没有卫星定位，没有精确到厘毫的精密仪器，但古人有古人的遥感、遥看、遥测。

古人，中国人，是相信天地相应、天地感应的。天上有北辰贯中天，

紫禁城落成时与皇城、与京城、与天地山川的关系，现在只能借助数字技术做这样的虚拟呈现，即便如此，大概亦是想象的成分居多。不过这种远距离的俯瞰视角，更便于感受紫禁城的高天大地、远山近水，领略一片金瓯浮动于“沧海”之上的大格局、大气象。（此图由北京故宫博物院与日本凸版印刷株式会社共同组建的故宫文化资产数字化应用研究所提供）

地上有南面听天下。天有天轴，地有地轴。天上有紫微星垣，地上有紫禁城。山水融结在天，裁定在人。大靠想象力、眼力，小靠功夫、工巧。

如果说这是中国人认识天、地、人的宏大的宇宙观的话，如果以这样的宇宙观作为紫禁城的营造创意、指导紫禁城的规划的话，那么，紫禁城规划设计的指导核心实在是一种精神状态，是一个理念、意念，是高深莫测、无比神秘、庄严神圣、至上至尊的。在永乐皇帝心中，在臣民心中，在所有参与其事的人心中，矗立在天地间的紫禁城是沟通天地的形象与标志。

至上至尊的紫禁城既不能超凡脱俗，又必须超凡脱俗。既要在人间，有人气，有臣子，有百姓，

又不能混同于王公贵胄，更不能混同于普通老百姓。皇帝就是皇帝，都城就是都城，皇城就是皇城，宫城就是宫城。紫禁城是城中城的城中城，是至高无上的人间禁地。北京城所有的民宅官宅都是低矮的，只有紫禁城是高大的；北京城所有的民宅官宅都是灰色的，只有紫禁城是黄色、红色和金色的；北京城所有的街巷道路都平整方正、四通八达，只有紫禁城被宽河护着，高墙围着，不准通行，不得靠近，连正视也不得。普通人只能想象里面的样子，里面的人站在高处则可以无遮无拦地看远山，看远地，看近水，看匍匐在脚下的大片大片的灰色房屋。

唯我独尊、谁也不可僭越的绝对皇权，在皇宫紫禁城的营建中具体化为体量、高度、形态、色调、道路的绝对霸权。

现在的北京城虽然变化很大，但因为紫禁城还在，假如你在直升机上巡视，还是会很有感觉。假如你是紫禁城落成之时的一只鸟儿，飞旋在北京城的上空，不知会有怎样的感觉。

是谁设计了紫禁城

紫禁城到底是谁设计的？毫无疑问，皇帝朱棣是紫禁城的总规划、总设计、总指挥。他下面有一个出谋划策、奔走督办、执行操持的班子。不管是谁具体设计了紫禁城，有一点是肯定的：从大的方面来说，紫禁城不是测出来、量出来、算出来的，是想出来、看出来、说出来的。虽说紫禁城是想出来、看出来、说出来的，虽说在立项的时候、论证的时候、讲理念讲思路的时候，可以也有必要大而无当、天马行空，但到具体规划设计的时候，必须想得看得说得很实际、很现实、很实用。

从紫禁城西北角高处眺望前朝后寝，雪后的大院小院、大殿小宫，更为清晰地错落出海市蜃楼般的景象。

一定有不少人做了许许多多很实际很具体的工作。仰观天象，俯察地理，中参人和。他们得堪天舆地。他们至少得在北京城的四面八方风餐露宿。他们不知多少次站在北京的西山上指指画画。心之所想、目之所及，他们得说出昆仑山如何与燕山山脉相连，得说出大海大水在什么地方，得说出个天高山远、地广水长、纵横四海的天下大势来，得说出北京城、紫禁城在天地山水间的至尊至荣的位置来。

说出这些来并不难。他们有足够的历史参考资料，包括文字资料

与口述资料。因为中国的皇帝们早已在不少地方建造过不少皇宫。他们在不同的地方说过类似的话，做过类似的事。元朝人在这里建元大都的时候，他们说过类似的话，做过类似的事；朱元璋建南京都城、建南京宫城紫禁城时，他们说过类似的话，做过类似的事。

让皇帝相信更不难。朱棣作为皇帝的儿子，曾被朱元璋封为燕王，统领军队驻守北平。朱棣在他独自苦心经营的封地生活了那么多年，他多少次从北京北伐南征，凭着他对北京的感情、对北京周边及更远些地方的山山水水的熟悉，他很容易认同、很容易相信北京的风水最好的说法，更容易相信、更容易认定即将拔地而起的紫禁城的风水最好的说法。几乎可以肯定的是，最初的北京城、紫禁城的风水之说原本就出自他的授意。

退一步说，即便实际状况并非如此圆满，那些人也能够说成这样，而且会说得让人没法儿不信服。即便现在的环境艺术家、城市建设规划师、建筑设计师，还有如我们这样的北京市的普通市民，天气晴朗之时，站在北京西面的北面的山坡上，极目四望，天上地下、南北东西地想一想，不仅能感受甚至也能说出些类似的道理来。

所谓的天地感应、天人合一、金木水火土、天地日月人，中国传统文化中这些天与地、人与天地自然的推演移易的文化理念、哲学思想，统统可以用来为帝王的宫殿辨方正位、象天立宫，都可以用来论证君权天授，普天之下唯我独尊的权力、等级与秩序的天然合理。虽然所有的出发点与所有的指向都在竭尽全力地凸显皇城皇权的至高无上，渲染天子的宫殿独尊天下；虽然只有皇帝能这么想，也能这么做，但从建筑设计的角度想想，这实在是很浪漫的事情，也是很诱人很迷人的事情。从建筑美学的角度看，这正是必定成为中国古代建筑经典的紫禁城的大环境观、大环境艺术的根源与灵魂所在。

按照帝王的意志，按照为帝王服务的意志建造的紫禁城，如任何朝代任何地方的皇帝的宫殿一样，一定是当时当地最好的最辉煌的建筑。并且，由于紫禁城是中国的皇帝建造的最后的皇宫，有十几个世纪的传统可继承、经验可吸取。与以往的皇宫相比，紫禁城有可能建造得无比恢宏、无比壮美、无比艳丽，也无比规范、无比标准。紫禁城，这座中国最后的皇宫，是中国传统文化中皇权文化在建筑形态上的集中呈现，是中

大雪中的太和殿。

国帝制文化的立体化、符号化、图像化，也是中国帝制文化与中国古代建筑文化的高度统一，甚至是最完美的统一。由此，把已经成为公众视野中的“图像”的紫禁城，置于图像学视域中观看、欣赏、解读时，紫禁城便具有了中国传统文化与中国古代建筑文化的标本特性，从而为所有观看与解读者提供种种可能的欣赏角度和解读方式。

紫禁城不只是一个时空中的存在。

没人否认紫禁城是一座伟大的建筑，也否认不了紫禁城的设计者是最最伟大的设计家。可是，也没人能够明确指认谁是这位最最伟大的设计家。朱棣不是，参与营建紫禁城的那些有名有姓的人也不是。紫禁城其实是一个“主题先行”的艺术结晶、一个中国传统文化的艺术结晶。确切地说，紫禁城是中国古老哲学诗学、传统礼制礼教的格式化、物象化、美学化，是集体无意识的创作。

紫禁城的选址、布局、造型、着色，紫禁城的高低错落、疏密协调、宽窄相间，紫禁城变化差异中的对应、和谐、均衡，不是在建筑美学的指引下完成的，而是在建筑理学的指引下完成的。

悠久深厚的中国传统文化是紫禁城定位奠基的原点，是紫禁城营建的基准线，或者说古老文化、礼制理念左右了建筑审美取向——这大概正是中华民族建筑审美的独特性所在。

面对紫禁城，我只是惊奇惊异于建筑理学与建筑美学二者之间竟能如此完美地统一，只是不知这仅仅是一个特殊的个案还是普泛

的规律。但有一点我是明白了的：伟大的美在于整体而不在局部，任何时候伟大的美都是整体的美。这样的整体之美是大美。大美不言。大美有声，有形。这样的伟大的美一定有深深的整体文化、系统文化之根，如一棵迎风独立的参天大树一定有其发达繁盛的根系那样。

伟大的建筑来自伟大的规划，伟大的规划源于伟大的文化。整体的浪漫想象与细节的灵感闪烁镶嵌在高远、深厚、精致的文化背景上——皇帝想要建造的、皇帝为自己建造的至尊的紫禁城就是这样的。

夕照太和殿。

城中城的城中城

航空拍摄的照片显示得特别清晰——注满了水的护城河如墨绿色的玉带，把紫禁城严严实实地圈了起来。每看见这图片，我就会想到考古发现的遥远时代，先民们聚居地周围或天然的河道或人为的壕沟。紫禁城的护城河俗称“筒子河”，“筒子河”的称呼更能引发此种联想。

从先民据守高地或壕沟环护的时代开始，到村寨镇堡，到县城州府，再到帝王宫阙，无不高墙深沟地严防死守。一路过来，这竟成为固定的模式。尤其是对于帝王的宫阙而言，最初的防御功能似乎慢慢退缩到可有可无，模式化规则越来越发扬光大。然而，愈是模式性的装扮，愈要格外认真缜密。

紫禁城作为明清两朝的皇宫，确切一些应叫“宫城”，已是城中城的城中城。从现在还可见的德胜门、东便门，可以想象得出北京内城墙、外城墙的雄伟和严实。尽管如此，皇帝们还是要为他们的皇宫做一道又厚又高的墙——对于他们的宫殿，不做到外三层里三层的严密包裹决不罢休。

于是，南北长 961 米、东西长 753 米、高 9.9 米、底宽 8.62 米、顶宽 6.66 米的紫禁城城墙矗立起来了。城墙上可容四马并驰，成百上千的卫兵可以在四面围合的墙体上环绕奔走。墙体内外包砖，使用的是磨砖对缝（俗称“干摆”）的筑砌工艺，为的是使高耸陡直的墙面整齐光滑、难以攀爬。

从紫禁城护城河东北角看过去，皇帝的宫殿“宛在水中央”。此处距五四新文化运动策源地北京大学红楼旧址仅百余米。五四运动如火如荼时，溥仪还在高墙深宫里称孤道寡。可能因为位在中心，交通便利，经常看到摄影发烧友聚集于此，尤其是朝晖夕映、落霞飞雪之时。

环绕城墙，总长 3 800 多米、宽 52 米、深达 6 米，三合土夯底，条石砌帮，岸筑矮墙，引玉泉山水的护城河荡漾碧波。

在城墙与护城河之间 20 米宽的地带，明代设看守“红铺”40 座，每座房三间，守卫 10 人，昼夜传铃巡视。清代扩建为连檐通脊围房，改传铃巡视为传递红色木棒巡视，如接力赛般。

四角楼和四门楼共八楼耸立于高墙之上，墙上墙下、墙里墙外宽近百米的防护带尽在守望监视之下。

这可谓密不透风了，但其实是不大管用的，也从未发挥过保住宝座的真正作用。明末，北京外城的防线一垮，李自成不就大摇大摆地直穿承天门（今天安门）、端门、午门进宫了吗？崇祯皇帝只得出后门在万岁山下的一棵老树上了结了自己和一个朝代。百余宫女无路可走，只好投身护城河。护城河护得了什么？

“边墙”与“家墙”

看见高墙环护的紫禁城，总会想到跨山越岭的万里长城；看见绵延起伏的万里长城，又会想起高墙重重层层的紫禁城。

紫禁城是明朝的皇帝建造的，明朝的皇帝们也爱修长城。

明朝的皇帝把都城、皇城、皇宫放在紧靠长城的地方，再把皇帝们的坟墓修在长城脚下。明朝的皇帝们更爱修长城了。

现在，到北京的人们，第一看故宫，第二看长城。这是北京特有的“双城记”。

中国的万里长城肯定是世界上最长的墙、最隆重的墙，也是修补年代最长久的墙。为何把这样的墙叫作“长城”不大好考证，修补动作最大的明代称其为“边墙”，倒颇为合适。

其实，中国的土地上到处是墙。家有家墙，院有院墙，寨有寨墙，堡有堡墙，城有城墙——假如大都能够修补并保护起来的话，中国大地真成墙的世界了。

现在虽然看不全了，但我们知道，紫禁城就是被一圈又一圈的墙围护起来的。由内向外，第一圈是北京城的皇城城墙，红色的，从认真保护着的东华门与王府井之间的皇城遗址处能看得出来，想象得出来。第二圈是北京城的内城墙，灰色的，从东便门城墙遗址处能看得出来。第三圈是北京城的外城墙，也是灰色的，站在复建的永定门城楼上可以想象得出来。

被一圈一圈的墙围护起来的紫禁城，又用一圈一圈的墙把皇帝的

紫禁城西北角城墙外与内。

宫殿围护起来，如我们现在看到的这个样子。

在紫禁城的外边，除了站在景山最高处万春亭能够饱览铺排的辉煌宫殿的屋顶之外，在景山前街、南北池子大街、南北长街及午门外东西两侧——环绕紫禁城一圈，看不到一点宫殿的模样，只能看到神武门、东华门、西华门、午门，还有城墙四角上四座既豪华又玲珑的角楼；只能看到高高的灰色城墙、宽宽的护城河——护城河的岸也是墙，是用灰白色的石头砌成的墙。

从任何一座城门进入紫禁城，都看不到这个殿那个宫的真面貌。你得穿过一道又一道开在墙上的门，走进一扇又一扇开在房子中间的

紫禁城宫墙内的宫墙与宫殿。

门——房子连成了墙——才能看到。

紫禁城的宫殿就是这样被一圈又一圈、一层又一层的高墙团团围定的。一层层一面面高大宽阔的墙体时时刻刻提醒着你：任何人不得攀爬，不得逾越。

还有无形的墙，比如只有皇帝可以行走的御道的两侧。虽然无形无声，但无时无刻不在提醒着你：任何人不得攀爬，不得逾越。

长城也好，边墙也罢；宫城也好，家墙也罢；有形之墙也好，无形之墙也罢，挡得住老百姓，挡不住李自成，更挡不住清朝的军队。

奢华之墙

紫禁城的墙到底有多少道？紫禁城的墙到底有多长？实在很难测算清楚。

木结构的宫殿由木柱木梁支撑，本可以四面开门亮窗，实际上除正面安置门窗外，其余三面一般都砌起厚厚的墙。房屋的后墙，往往也是分隔区域、院落的墙，如北京的一条条胡同、一座座宅院那样。

单算独立的城墙、宫墙、院墙，其长度也够惊人。最外层的灰色宫城城墙的长度是准确的：3 428 米。把紫禁城的后半部分（也叫后寝部分）围成三个区域的红色的宫墙的长度也是准确的：4 835 米。比此类宫墙矮，将不同区域分隔成 90 余处大小院落的红色宫墙，也可叫作院墙的那些部分，就不大好准确计量了，大约 10 500 米。

三类合起来，近 20 000 米。若沿宫墙疾走一回，少说也得 4 个小时。

作为护卫的宫墙，作为分隔区域、隔离院落的宫墙，作为有着防火功能的宫墙，回环往复、连绵近 20 000 米的紫禁城宫墙，无论从哪个方面看，规格都是最高的。

首先是高度。护城河环护着的灰色城墙，高 9.9 米；城中的宫墙，高的有 8 米，矮的也有 6 米。朱元璋开

紫禁城内西北部分隔建福宫区域与英华殿区域的高高宫墙、窄窄夹道。→

启了有名的“高筑墙”时代，由此推测，明清皇帝的宫墙，其高度大概会超过以往皇帝们的宫墙。

其次是坚实。高 9.9 米的宫城城墙底宽竟达 8.62 米，顶宽达 6.66 米，足见其敦实程度。墙基由灰土层、碎砖瓦层交互夯筑；墙体内外侧为“横七竖八”15 层特制城砖结构，再用江米汁加石灰拌成的“雪花浆”泼浇三次；外墙面磨砖对缝，中为夯土。这样的构造，形容为“固若金汤”也不为过。

紫禁城内的宫墙里外上下用石、砖、瓦砌成，表层涂抹灰浆，再刷上红色涂料，高耸陡直，料想能飞檐走壁的武林高手也只能望墙兴叹。

其实从护卫的角度来看，本用不着如此大兴土石的，一旦兵临宫城之下，已经太晚了，“金汤”也不管用的。

重重叠叠的高墙垒壁，无非是使皇帝的宫殿威仪有加罢了。所有红色的宫墙上都如宫殿的屋顶、屋脊一样砌起了黄色的琉璃瓦，就是这个意思。

想想看吧，一面面开阔的红墙上，一道道笔直的黄色琉璃瓦脊在太阳的照射下金光闪烁——世界上哪里还有如此高贵、如此奢华之墙？

维修宫墙墙面。仅红墙表面涂料，就这样涂了一层又一层。

紫禁城内东北部光绪皇帝之珍妃被慈禧太后溺死前幽禁处。珍妃所居房屋早成废墟。“珍妃井”即在此院外。

宫墙如血

一如墙脊之奢华，紫禁城墙之多、墙之高、墙之厚，究其实质，是一种凸显皇家威严气势和保障帝王专制意志的独特修饰。

紫禁城内所有墙面的颜色选用了一种特别的红，也是这个意思。

紫禁城里所有的墙面，包括一座座宫殿的墙面，为什么统统要涂抹成那么一种红色呢？乃至所有的门窗，为什么也都是那么一种红色？为什么要把整座紫禁城装饰成一片红色的海洋？

红色与黄色固然有温暖的一面，但是，宫墙如血，当把一道道血与火的色彩、暴烈的色彩、刺激的色彩、悲壮的色彩、恐怖的色彩，连绵不绝地竖在你的面前，横在你的面前，挡在你的面前的时候，你还有那种温暖的感觉吗？

当然，现在，不管什么时候，走在被重重红色包围的空间里，绝对不会产生恐惧感。因为你身边、你周围，总有熙熙攘攘的人群，即便空无一人，你也知道你正行走在一个巨大的公共文化空间中，早已不是充满权力权术、阴险阴暗的“宫斗”之地了。满眼的红色，即使红到发紫，你也只会感到热烈热闹，或者和暖宁静。

但是，你想过没有，在漫长的500年里，在如此红色笼罩的深宫之中，有多少鲜活的生命枯萎冤死在这里？假如穿越到那样的时空里行走，若不是脚下有灰砖可踩，抬头有黄色的屋顶可望，真不知胆战心惊成什么样子。

是啊，红墙的这边与那边虽然只有一墙之隔，可是，墙那边的人、

事，你知道吗？你知道他们在做什么吗？你能知道吗？该你知道吗？

虽然只有一墙之隔，能让墙这边与墙那边的人自由地往来、自由地交流吗？

城里城外、宫内宫外自不必说，年年月月天天居住生活在宫里的人，谁认识谁？谁了解谁？谁知道谁想什么，做什么呢？能让你知道吗？

一切都可以躲藏在高高的红墙里。一切都被高高的红墙隐蔽起来。

也有不少的时候，紫禁城里的一道道红色宫墙，会牵出你别样的思绪，会给你别样的感触。那是当你忽然看到红墙的某个角落被一年又一年的雨水雪水冲刷出苍老苍凉的水痕的时候，那是当你看到红墙的某些墙面被一年又一年的冷风翻卷起斑驳的墙皮的时候，那是当太阳月亮让宫殿飞檐的影子、鸱吻脊兽的影子、老树新枝的影子、宫殿宫墙的影子，在一面面红色的宫墙上游走的时候。

表面看着很有质感、动感、美感，内里淤积着的是满满的罪过、丑陋、虚伪。

宫墙柳色年年新

事实上，紫禁城里里外外的高墙厚墙，不管建造得多么坚实，从来就没有发挥过多少防卫的功能。肇建者原本也没多往这方面想，倒是格外用心于如何营造通天彻地的帝王气象，如何彰显帝王的天下独尊、至高无上，及帝王的权威权力不容侵扰、礼制不可错乱的帝王文化。

修建护城河挖出来的上百万立方米的土石，部分运往紫禁城的正北面，为紫禁城堆起了一座永久的“靠山”；河泥一旦成山，则成为悠然登临的看城之山（所以称景山）——防卫的河与山，既化作权威与礼仪的河与山，又化作审美的河与山。当然，此种审美的功能在那个时候是生活在宫里的帝王和他周围的人们所独享的。

有作为的皇帝并不特别看重宫城防护带的作用。节俭的康熙、务实的康熙、极富想象力的康熙、浪漫的康熙，把无遮无拦的护城河突然变成一眼望不到边的碧绿的荷塘。

围绕着紫禁城的约 17 万平方米的荷塘，是怎样的“接天莲叶无穷碧，映日荷花别样红”啊！那定然是当时京城百姓争睹的一道亮丽风景线。

从护城河里起出来的一节又一节的肥胖的莲藕，宫廷美食之余还可外卖创收，京城的百姓则有机会和皇帝吃一样的美食了。护城河莲藕因此成一时之名品也说不定。嘉庆年间虽有乱子闹出，也没将莲藕连根拔出，反创出出租经营荷河的法子。只是不知出租河段几许，居然每年也有数百两银子收入宫中。

数百年来，紫禁城宽河与高墙的真正作用，也就是把老百姓阻挡在皇宫之外，把一人在上、万人在下的秩序固定下来，把治者与被治者明确地区分、切割开来。不过，帝王的各种防卫法防止不了王朝的衰落。当昔日禁备森严的皇宫成为人们自由出入的博物馆后，其高墙、其宽河，倒是起到了有效保护世界文化遗产的作用。否则，占地近百万平方米的故宫如何守护？每年千万以上的参观人流如何游走进出流畅有序？这是帝王们绝对想不到的结果。

与此同时，紫禁城墙与河的防护功能终于完全让位于中国古代建筑的审美功能了，这也是帝王们怎么也想不到的。

正如河泥成山，山成看城之山一样，紫禁城的河与墙把帝王宫殿的奢华繁复、宏伟壮丽、铺排交错及神秘挡在里面，把单纯朴素、方正肃穆、安稳安静及其诗情画意留给每一位观望者。

无论是长久生活在北京、经常经过紫禁城的人，还是偶尔走过紫禁城的人，我相信他们会永久地着迷于紫禁城高高的灰色城墙，永久地着迷于紫禁城宽宽的绿宝石项链般的护城河，永久地着迷于灰色城墙与绿色护城河之间一棵又一棵的依依垂柳。垂柳当然是后来栽植的。清朝的围房大部分消失了，曾经杂乱的棚户消失了，垂柳长了起来。绕墙环河地广植垂柳，不知是否受了“宫墙柳”诗意的感染，幻化出了河、柳、墙诗情画意的组合。

早已记不清多少次走过了紫禁城，只记得每一次走过时总有的精神的安宁与心绪的不平。阴霾笼罩的冬日，铅云压在紫禁城上，城墙上的堞口如齿如锯，身体的某一部分，很深很深的地方，确有被从皇宫里溢出来的冷酷与阴暗咬痛刺痛的感觉。当雪片在河上树上墙上乱飞的时候，反倒温暖起来。突然发现斑驳的灰墙前的柳条如小鸭小鹅般的绒黄，太阳也突然变亮了，所有的失望都变作希望。日出前，日落后，月亮挂在角楼上，城墙上的堞口修长、整齐、清晰，这时候的紫禁城，简直是一座巨大无比的钢琴，清晰的堞口是跳动的琴键，早

出晚归的鸟儿，音符般扑拉拉飞进去飞出来。晚霞落入护城河，染黄新柳，染红古墙。河水摇摆垂柳，垂柳摇摆城墙。小夜曲。月光曲。晨曲。交响曲。丝丝缕缕的不绝不断。如衣如带的飘扬荡漾。如岸如墙的雄浑厚重。梦幻的形状，梦幻的色彩，梦幻的声音。

每每驻足护城河边，总会自问一个无法回答的问题：紫禁城最能让人亲近的，是它宽宽的护城河和高高的灰色城墙吗？紫禁城最能拒绝人们的，也是它宽宽的护城河和高高的灰色城墙吗？紫禁城高高的灰色城墙、紫禁城宽宽的绿色护城河、紫禁城依依的黄色宫墙柳，为什么能把紫禁城的拒绝与吸引、阻隔与亲近、阴冷与温暖表达得如此有声有色？

红墙黄瓦紫禁城，天下皇宫谁独尊？

二十五帝皆过客，宫墙柳色年年新！

四门巍峨

占地72万平方米的紫禁城（算上护城河，共计约100万平方米），只开四座大门：中轴线上南北对称的午门、神武门，中轴线两侧东西对称的东华门、西华门。

城墙下开门洞，城墙上矗高楼。城墙已很巍峨，矗立在城墙上的城门楼巍峨有加。既要彰显宫城的威严，更要严密防护，确保宫廷的安全；既要拒人门外，又要引人注目——高耸的城楼红柱红窗黄瓦，红色的大门排满镏金的铜钉，金光闪闪、光彩夺目。

不论是谁，只要进入紫禁城，必须得穿过长长的门洞：皇帝的宫殿，要的就是进入另一个世界的穿越感。

午门是皇宫的正门，形制特殊。其他三门形制基本相同，但也有区别，功能的区别尤大。午门正中的门洞，专供皇帝出入。出入的次数其实很少很少，较常规的是到坛庙祭天地，祭祖宗。皇帝之外，大婚的皇后，可以进来一次；殿试的前三名，可以走出去一次。神武门是皇宫的后门，又靠近后宫，皇家的家事私事，多由此出入。西华门正对着西苑的东门，皇帝们到南海、中海、北海，到西郊的苑囿，均出此门。帝后的生日，如康熙六十大寿、乾隆母亲六十大寿、乾隆八十大寿，从西华门开始，经西直门一直到海淀一带的皇家园区，沿途遍布景点，张灯结彩、花架花篮、戏台楼阁，铺排之盛前所未见。皇帝、皇太后、皇后死后，灵柩从东华门出，因此百姓们私下称东华

从紫禁城南城墙上看东华门。

从紫禁城西华门内看西华门。

从紫禁城内神武门东马道看神武门。

门为鬼门。别的门上的门钉有九九八十一颗，东华门上少了一排，为八九七十二颗。活着的皇帝，是决不会从东华门出入的。

也有例外。明英宗北征被俘，其弟即位，遥尊英宗为太上皇。次年英宗被释放回京，已无法进紫禁城，被软禁在东华门外东南东苑小南城。7 年后，密谋复位时，行至东华门，遭到护卫阻挡，英宗大呼："吾太上皇也。"进门后直奔宝座，重登皇位。这"皇帝"可谓"死而复生"，史称"夺门之变"。

门有门道。紫禁城门大，门道也大。不仅有"夺门之变"，还有"进门之争"。还是明朝，明武宗去世，武宗无子，也无兄弟，皇太后等商定，由分封在湖北的朱厚熜以藩王身份继承皇位，即明世宗嘉靖皇帝。礼部拟定的即位礼仪是朱厚熜从东华门入紫禁城，先到文华殿，追认皇太子身份，再继承皇位。年仅 15 岁的朱厚熜断然拒绝："吾嗣皇帝位，非皇子也。"坚决由正门午门进入紫禁城登上皇位。后为

从紫禁城外神武门西北侧看神武门。

迎其母从哪座门进又生争执，礼部拟又是由东华门进，嘉靖皇帝又是坚决反对，坚持由正门进。是啊，于己，门不顺，则名不正；于母，如果不认可母亲正宗，儿子正宗得了吗？

进门不易，出门也难得很。要进入这个世界难，离开这个世界也难。李自成骑着高头大马从午门进，崇祯皇帝披头散发从神武门出。八国联军攻入北京，慈禧、光绪皇帝出西华门，仓皇西逃。1924 年国民政府“请”溥仪出紫禁城，那时的前朝部分，包括午门、东华门、西华门，属国民政府内务部管辖，并向民众开放，已经退位的末代皇帝最后告别他的宫廷，只剩下走后门一条路了。

角楼玲珑

紫禁城好看。从外边看好看，从里面看也好看。

最好看的是角楼。在城里看好看，在城外看更好看。

角楼算不上是紫禁城的重要建筑，但它的位置特殊——矗立在紫禁城方方正正、高高长长、厚厚实实的城墙上的四个拐角处。从任何一个方位路过紫禁城，最惹眼的都是角楼。

一般城墙上的角楼，主要承担防御守望的职责，但紫禁城的用不上。一旦兵临城下，角楼不管用，城墙也不管用。角楼主要是让人看的，让里面的人看着想外面，让外面的人看着想里面。所以首先要好看，一定要好看。不像紫禁城里的其他建筑，相互之间不论什么关系，总有个联络观照，唯独角楼，无依无靠、孤零零地站在那里，还要站得好看。不只一面好看，上面下面、四面六面八面都要好看，要八面玲珑。所以，在紫禁城里，角楼的审美功能最突出、最重要。

由于位置和空间的限定，角楼不可能以雄伟、宏大、壮观取胜，只有靠玲珑出彩。玲珑和实用关系不大，和复杂、装饰、精致、精巧关系密切。

角楼绝不是紫禁城里体量很大的建筑，但它绝对是紫禁城最复杂、最精巧的建筑。角楼一直有“九梁十八柱，七十二条脊”之说。从护城河一侧望过去，但见红柱红窗之上，层层叠叠的彩绘斗拱和黄色琉璃瓦顶，簇拥起金光闪烁的镏金宝顶。十字形屋脊，重檐三层，多角交错，根本数不清到底有多少个翼角翘起，更数不清檐角脊头有

保护水资源生态平衡
禁止垂钓捕鱼

从紫禁城北墙上看西北角角楼，不只玲珑，兼有“座”拥天下的气势。

从紫禁城内看西北角楼东侧面。

多少个吻兽眺望。故宫的古建筑专家统计过：三层楼檐共有28个翼角，檐角脊头上共计230个吻兽！

角楼结构的复杂程度、建造难度，只能用传奇来形容：在为永乐皇帝建造紫禁城期间，正当督造的官员和能工巧匠们在高高的城墙拐角处遇到难处一筹莫展的时候，一个提着蝈蝈笼的白胡子老头悠闲地溜达过来了。这儿看看，那儿看看，看了一会儿，又溜达着走了。一工匠发现老头的蝈蝈笼落下了，正要拿起来去

从紫禁城内看西北角楼南侧面。

西北角楼局部。

送还，忽然愣住了——这不正是我们要建的角楼吗？官员和工匠们一下子无比兴奋，严格照着白胡子老头留下的蝈蝈笼样子建造，角楼很快完工了。所有的人一致认为，那白胡子老头就是他们的木结构建筑祖师爷鲁班。

即便是鲁班点化下建成的角楼，也得经常维修。时间长了，免不了还得拆卸大修。1956 年的春天，人们突然发现正对着北海公园的西北角楼被巨大的工棚遮盖起来了。接着，一种说法在北京市民中传得沸沸扬扬，说故宫的角楼拆下来装不上去了，无法复原了；还说，多好的角楼，被故宫的人修坏了。我问过一直在故宫博物院做修缮工作的古建筑专家，还真有其事。他们虽然在拆卸的时候，每一个部件都做了严格清楚的标记，但重新组装复位时，还是遇到了不小的麻烦。那次的维修，并不十分理想。以后维修角楼，他们再也没有用过这样的方法。

中轴引领

北京城中轴线的核心段落，是紫禁城中皇帝时代皇帝专用的御道。御道是用巨大的石块铺就的，每块重上万斤。500年来，铺就御道的巨石基本无多少变化，因为20多位皇帝走过的次数数得出来。这些数得出的脚印无损于御道巨石的粗粝与坚实；然而，自从皇宫转型为博物院，每年数百万、数千万的参观者在古老的御道上来来往往，很快就把这条坚硬顽固的御道打磨得光滑柔润又闪闪发亮了。就是这条现在终于变得光滑闪亮的中轴御道，穿过无数的风雨，引领无数的人们走进紫禁城的深处，走进历史的深处。

大明门的牌子不能再翻了

以皇宫紫禁城为核心，皇家直接管控的范围，或者说紫禁城的附属区域，比紫禁城大得多。紫禁城的周围，基本上是皇家的园囿：西面到西北面，是西苑南海、中海、北海；正北面是北苑万岁山（现景山公园）；东南是东苑；正南是太庙、社稷坛（现劳动人民文化宫、中山公园）。

再扩大一些，北安门、东安门、西安门、大明门（清代为大清门）四门之内的整座皇城，可以说都是为皇宫服务的。

四门中的南大门大明门，被称为皇城第一门。大明门往南不远处，是北京内城的南正门正阳门；再往南，是北京外城的南正门永定门。永定门内，东侧有皇帝祭天的天坛，西侧有皇帝“躬耕”的山川坛（先农坛），都是皇帝祭祀的专用场所。

作为皇城第一门的大明门，飞檐崇脊，红墙黄瓦，三门洞开，正中门洞上方石刻“大明门”三字。门前是数百步之广的开阔场地，围以石栏，名天街。天街两侧各有一座牌坊，东侧牌坊名“敷文”，西侧牌坊名“振武”，对应大明门外两侧文武官署。东有宗人府、吏部、户部、礼部、工部等；西有中、左、右、前、后军都督府，以及锦衣卫等。

由于行使皇权的国家部门集中在大明门两侧，且大明门与皇宫的主要建筑一起排列在中轴线上，又与其后的天安门、端门、午门乃至紫禁城共处于同一封闭空间里，因此大明门实际上成为通往最高权力

大清门老照片。

核心紫禁城的第一个入口。

家国天下。迁都北京、营建皇宫、建造皇城的永乐皇帝，把皇城的正门命名为大明门，给这座大门以大明王朝国门的身份。正是因此，这座大门在改朝换代时总会成为产生故事的地方。

李自成攻占北京进入紫禁城后，很快就做出决定：刻一块大顺门匾，替换大明门匾。不料还没来得及更换，他就被挤出了北京城。清朝取代明朝，京城、皇城、皇宫拿来照用，但大明门必须得改成大清门，还得加上满文。清人用最快捷的办法，把刻着“大明门”三字的石匾取下来，翻过去，刻上“大清门”三字，原样嵌了上去——征战厮杀、血流成河的改朝换代，在一瞬间被简化为翻一块牌子、改一个字的区区小事。辛亥革命后，大清门改为中华门，居然也想到翻牌子的老办法，可是翻过来一看，竟是“大明门”三字。看来，只是简单地翻牌子行不通了，只好赶刻全新的“中华门”木匾挂上。是啊，辛亥革命的性质与几千年来的改朝换代根本不同，虽说革命不算彻底，但也绝不像明清易代，不像历史上历朝历代的更替，不是翻个牌子的事，不是打倒帝王继续当帝王的事。辛亥革命建立中华民国，是三千年未有之大变局。数十年后，中华人民共和国的成立，更是天翻地覆的大事。中华人民共和国成立后不久，因扩建天安门广场，中华门被拆除，通往天安门的皇帝的御道扩展成人民的广场。

从八百米御道到百万人广场

不管是大明门还是大清门，对普通百姓来说，永远是关闭的。大门前石栏杆围起来的叫作天街的广场，也是和门一样的禁区。因为以这座门为起点，皇帝进入紫禁城的专用御道就开始了。

厚实的青石御道从皇城外铺排而来，穿过深深的门洞，笔直地向北延伸。御道两侧，各 144 间红柱连廊、灰瓦通脊的朝房相对排列。两排朝房相距 60 米。60 米的通道够宽了，但是，在绵延 500 多米的红色廊柱、灰色屋檐屋脊的簇拥下，任何人穿行其间，都会不由自主地产生被推压着、挤压着走向深处、远处、高处甚至天尽头的感觉。

被称为千步廊的这一建构，实在是建筑史上一处异常奇特的建筑空间。这样单调冷静、整齐划一、连续重复、封闭狭长的空间，毫无疑问会时时处处发散出鲜明强烈甚至是强制强迫的规定性、导向性，根本由不得你停步、观看、思索、选择，你只有被引领着赶紧往前走。

路尽头是宏伟的承天门。

承天门承接的是紫禁城。

其实，千步廊的北端，距天安门还有不短的距

数字技术虚拟复原图。中间由近及远，分别为午门、端门、天安门、大清门。天安门与大清门之间即千步廊。午门左侧为太庙，右侧为社稷坛，即左祖右社。（此图由北京故宫博物院与日本凸版印刷株式会社共同组建的故宫文化资产数字化应用研究所提供）

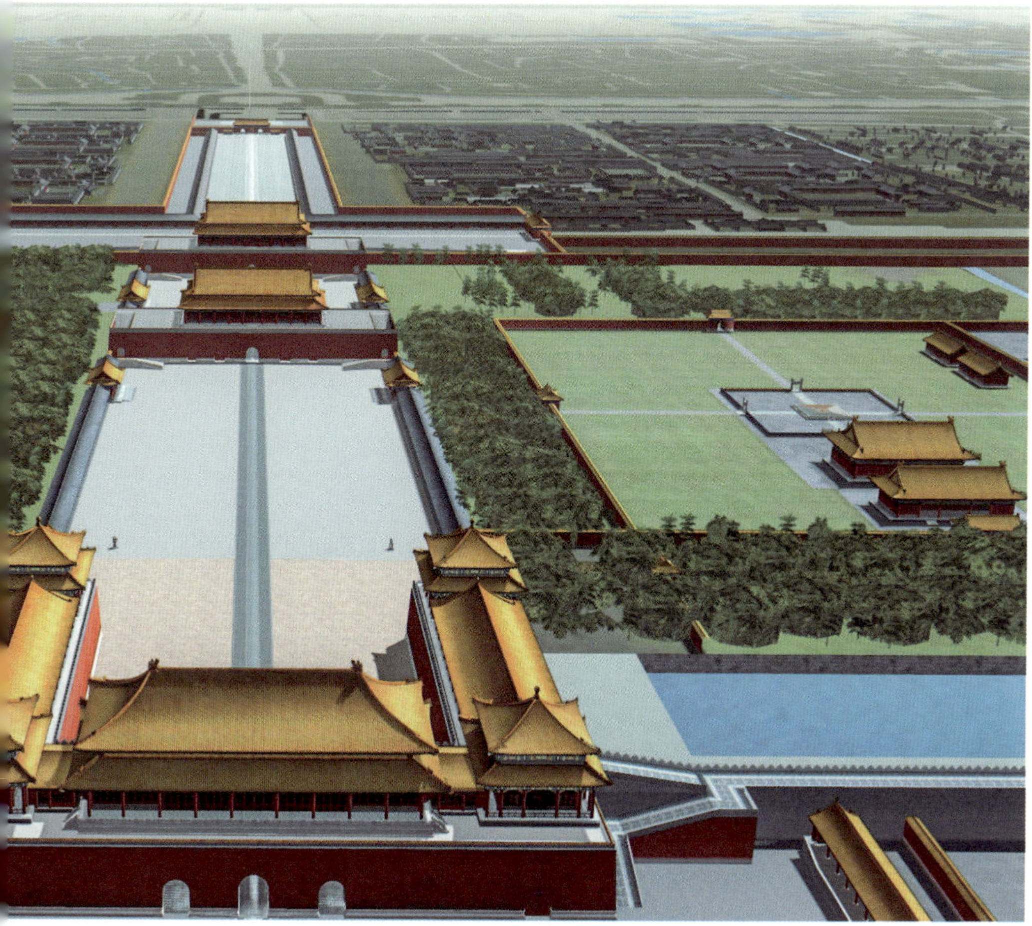

从天安门正中门洞内南望，依次可见快乐的游人、值守的卫兵、中华人民共和国国旗、人民英雄纪念碑、毛主席纪念堂。

离。向东延伸，有长安左门；向西延伸，有长安右门；向北，是天安门前金水河上的五座汉白玉石桥。这一豁然开朗的宽阔空间称作北天街，与皇城南大门外的南天街对应。北天街与千步廊共同组成天安门前的 T 形御道广场。

1914 年，民国政府拆除千步廊，迈出改皇帝御道为现代广场的第一步。1928 年，孙中山像挂上天安门城楼。1949 年 10 月 1 日，毛泽东在天安门城楼上宣告中华人民共和国成立。1952 年至 1958 年，拆除长安左门、长安右门，拆除周边高 6 米的红墙，拆除原各衙署建筑，拆除中华门，大范围、大面积地扩大天安门广场。1959 年，人民大会堂、中国历史博物馆、中国革命博物馆、天安门观礼台落成。至此，可容纳百万人的广场全部竣工。南北长 880 米、东西宽 500 米的天安门广场，成为全世界第一大城市广场。

现在，毛主席纪念堂、人民英雄纪念碑、中华人民共和国国旗，依次排列在原来的御道上。天安门广场上天天人流如织。成千上万的游人中，绝少有人想到他们正徜徉在昔日的皇家禁地；绝少有人感觉到他们正在不停地从当年皇帝御道的这边走到皇帝御道的那边，从皇帝的广场的这面走到广场的那面。皇帝的广场与现代的广场本质对立：皇帝的广场是内部的、内向的、个人的，现代的广场是向外的、开放的、公众的。每逢重大庆典，数十万上百万民众在广场上载歌载舞——维护帝王威严的皇帝的广场，最终成为公众的广场、人民的广场。

“承天”与“天安”

大明门是明清皇城的入口，是皇城第一门，直通承天门。承天门则是皇城的正门，直通紫禁城。直通承天门的大明门早已荡然无存，直通紫禁城的承天门依旧巍然屹立。

承天门与紫禁城同时落成，取名自“承天启运，受命于天”，宣称奉承天命天运来治理国家。当上皇帝的人总是用这么个说法。明天顺年间，承天门毁于火，成化年间重建。清顺治时改建，由原面阔五间、进深三间，扩大为面阔九间、进深五间，并改名为天安门，取自“受命于天，安邦治国”。名字改了，意思还是一模一样的。

明清两代，凡是皇帝亲自参加的祭祀、出征、出巡等重大活动，天安门是必经之门。凡是需要天下知晓的家国大事，如皇帝登极、册立皇后等，都要在天安门举行“颁诏”仪式。

皇帝的重要诏书在天安门颁布，本意是由内而外、面向天下、面向百姓的，但事实上皇帝并不亲自登上天安门城楼，并不直接与臣民说话。皇帝只是派人把他在太和殿钤上御印的诏书放在龙亭内，以鼓乐仪仗从午门外抬到天安门城楼上。宣诏官极其庄严地宣读后，让一只“金凤”口衔诏书，从城台正中徐徐落下。礼部官员手捧云盘承接，然后颁告天下。此即“金凤颁诏”。

比如，春天到了，一年之计在于春，皇帝很想说说与百姓最密切的农事，也想尽量说得亲切实在些，但最多是从京郊选几位年长的农民代表站在金水桥边，听宣诏官传达皇帝的声音：“说与百姓天安门。每逢重要节日和国家庆典，天安门城楼悬挂大红灯笼已成惯例。

每（们），用心耕锄，毋荒”“说与百姓每：春气生发，都要宜时栽种桑枣”。于是，稀稀拉拉的臣民代表诚惶诚恐、感激涕零地领旨而去。

中华人民共和国成立后，虽然保留了天安门的名称，但含义完全不一样了。天安门不再是受命于天，而是受命于人民了。1949 年 9 月 21 日，毛泽东在中国人民政治协商会议上宣告：中国人民站起来了！ 1949 年 10 月 1 日，毛泽东在天安门城楼上向全世界宣告：中华人民共和国中央人民政府今天成立了！

天安门见证了中国人民弃旧创新的历史巨变。我问过为开国大典设计和安装大红灯笼的张仃先生，问他大红灯笼的灵感创意来自哪里。张仃说，决定性的想法，是如何在帝制皇权的代表与象征之地，重新赋予人民和国家获得新生的功能。他说，他的灵感来自民间传统的喜庆活动与国家人民新生庆典的高度契合。天安门的大红灯笼，从此成为中华人民共和国的象征。

今天的天安门，虽然还是明清时代的建筑，但面对无比宽阔的广场，面对广场两侧宏伟巨大的人民大会堂和国家博物馆，早已降下承天奉天的尊严，以喜悦喜庆的容貌融入了人民的广场。不过，虽然降下了承天奉天的尊严，由于历史，不仅不失昂然特立的风范，反倒更加成为万众瞩目的标志性形象。

端的是端门

大部分人选择从天安门进紫禁城。大部分人想着一进天安门，就可以看到进紫禁城的午门了。其实不是。大部分人想不到，穿过天安门，看到的是一座与天安门差不多的门。这座门叫端门。明清以前皇城的南门，也多有叫端门的。传说天帝所在的紫微宫的南天门叫端门。既然前面的门叫承天门，接着就应该是天门了。

从天安门外进到皇宫里面，要经过三座门：天安门、端门、午门。三座门都不是敞开的大门，都是宏伟的城楼矗立在高高的城台上，高深的门洞伸进厚厚的城台里。而从其他门进紫禁城，只须穿过一个门洞。从南门（正门）进，很有仪式感，至少得穿过三座门（加上大明门，则有四座门），一次又一次地别有洞天，一次又一次地强化进入另一个世界的感觉。

端门在三座门的中间。端门的位置很特殊，在功能上是走进紫禁城的又一个过道。有人说天安门与端门间的方正广场，是进皇宫前的一块缓冲地，有助于心理过渡，有助于酝酿情绪、调整节奏，有助于整理衣冠、端正仪容。

这些说法不无道理。但真要体会端门位置的特殊性，还得登上城台，前后左右、四面八方地仔细看看。

分别站在端门城台南面和北面的正中，居高临下，你会格外清楚地看到：穿过端门城台下门洞的青石御道，由南向北，笔直地贯通天安门与午门的门洞。南面，天安门背影清晰。目光掠过天安门城台两

天安门后面的华表、端门。

在天安门北面的端门城墙上看天安门。

侧，人民大会堂、国家博物馆历历在目。人民大会堂西面，国家大剧院的圆顶熠熠发光。北面，雄浑壮丽的午门全貌尽收眼底。端门外东侧有通向太庙的太庙街门，西侧有通向社稷坛的社稷街门；端门内东庑开有进出太庙的太庙右门，西庑开有进出社稷坛的社稷左门。走到城台的西端，整个社稷坛就在眼前。这处明清两朝用来祭祀土地神和五谷神的场地，早在 1914 年就被改为中央公园，后为纪念孙中山又改名为中山公园。虽然改建和添建了不少建筑，但五色土铺就的社稷坛，以及拜殿、神厨神库、坛墙等仍在，更有古柏森森。端门东面明清皇帝祭祖的太庙，更是显眼。站在城台东北角，只觉得太庙大殿的黄色琉璃瓦大屋顶，简直铺排得无边无际。

端门城楼西侧面。

这样南北东西、四面八方地看看，你会觉得，你身边高高大大的端门城楼，平平静静地居中端坐——端的是端门。

1917年，端门至午门一带，被划定为当时的国立历史博物馆馆址。清代八旗禁卫军存放检阅用的军械和仪仗器件的端门城楼，改作博物馆文物库房。十年前，故宫博物院决定在端门创立故宫端门数字馆，将端门城楼内部空间创新为故宫建筑、藏品与现代科技深度融合的全数字化展厅。我当时分管其事，招标时提出的主题词是“使古老的更古老，使现代的更现代”，结果由理解阐述最到位的清华美院团队中标。我想，这团队还真有他们的老院长张仃先生构思天安门大红灯笼创意的风范。

传统的现代，传统的未来，的确需要当下的端正。

雄关午门

紫禁城千门万户，午门为最。

午门是紫禁城的南大门。皇帝坐北向南，天子面南而王。南门是紫禁城的正门，正南在二十四方位中属午位，故名午门。午门通高 35.6 米，比紫禁城中最重要的太和殿还高一点，足见其皇宫第一门、天下第一门的地位。

13 米高的红色城台三面围合，城台上五楼耸峙，庑廊通贯。正门楼重檐庑殿顶，四坡五脊；面阔九间，计 60.05 米；进深五间，计 25 米；前后出廊，建筑面积 1 773.3 平方米。正门楼两侧及东西两翼城台南端各有一座重檐四角攒尖顶阙楼，共四座，与正门楼合称五凤楼。五楼与连接两翼阙楼的庑廊（各 13 间）浑然一体，巍然错落、连贯舒展、欲升欲飞，故又称雁翅楼。

午门城台下开有五座门洞，用法

从端门城楼北侧看午门。

越走近午门，越有雄关要隘的感觉。

各异。文武大臣出入走东侧门洞，皇族宗室王公走西侧门洞。凡大朝会，官员们按文东武西从两侧掖门门洞出入。中间的门洞，是皇帝的专用通道；但皇帝大婚时，皇后可以经过一次。再就是殿试前三名的状元、榜眼、探花，从宫中出来时可以走中间门洞。可以想见，这三位穿过皇帝的门洞时，该是多么趾高气扬。这一特殊荣耀，亲王重臣也无缘得到。天下的读书人，基本上就这样被导入为皇权服务的轨道。

午门正中的门楼两侧均有明廊，安置钟鼓。皇帝祭祀社稷坛、天坛、先农坛出午门时，门楼上鸣钟；祭祀太庙出午门时，门楼上击鼓；宫里举行重大活动，皇帝登临太和殿时，午门楼上则钟鼓齐鸣。

遥想当此时刻，站在午门前高墙崇楼围合起来的近 1 万平方米的凹形广场中，仰望城台楼宇，顾盼左右连阙，耳听鼓声钟声，面对的仿佛不是皇帝的宫殿，而是那些天下著名的城池关隘，是万里长城上的关门关楼。铁马雄关，高天长风，壮怀激烈之感倏然生出。

皇帝们或许也是这样想的吧，午门因此成为历朝历代的献俘处。明万历皇帝四次在午门举行献俘礼。清代频繁用兵西北西南，康熙、雍正、乾隆三朝以至道光朝多次在午门举行献俘礼，光是乾隆皇帝就举行过四次。彼时彼刻，午门正楼设御座、张黄盖，阵容庞大的卤簿仪仗设于城台下，王公大臣、文武百官分列侍立，皇帝龙袍衮服乘舆出内宫，升御座，钟鼓齐鸣，兵部将校引战俘下跪，兵部尚书奏：平定某地，战况如何，战俘几多，谨献阙下，请旨。皇帝降旨，或交刑部，或恩赦释放。于是战俘叩首谢恩，王公百官行礼，乐声大作，欢声雷动，响彻云霄。好一派威风凛凛、威仪天下的气势。把午门建造成天下雄关的架势，最适合举行这样的仪式。抗日战争胜利后，在太和殿前隆重举行侵华日军投降受降仪式，大概与午门献俘不无关系。

“推出午门斩首”？

皇帝们既在午门炫耀胜利的功绩，也常常把午门作为处罚违背圣意者之地。献俘对外，处罚对内，对象不同，显示皇权威严不可侵犯的目的则是一样的。民间有“推出午门斩首”之说，但紫禁城历史上并无此实例。不过明代曾将午门外作廷杖场地。廷杖是皇帝处罚大臣的一种非常残忍的刑罚。被皇帝下令处以杖刑的大臣，多被拉到午门外行刑。使杖的轻重又掌握在宦官手中，明朝就有数十位大臣当场死于杖下或杖后不日而亡。

明永乐十九年（1421），建成不到一年的奉天、华盖、谨身三大殿遭雷击烧毁。一些对朱棣迁都北京不满的大臣借此发声，认为这是上天的示警，要求还都南京。拥护迁都的大臣与要求还都的大臣对峙攻讦，不可开交。恼怒之下的朱棣皇帝，竟使出了罚双方在午门外跪着辩论的损招。正德十四年（1519），那位“游龙戏凤”的明武宗朱厚照，因众多官员联名上疏阻止其出游猎艳，恼羞成怒，竟罚 146 位大臣白天跪午门、入夜

午门前凹形广场。

午门内金水桥。

锁牢狱，五天后又在午门外廷杖，当场杖毙 11 人。

与此类行径形成鲜明对照的是康熙皇帝。康熙七年(1668)秋，研究和主张使用西方历法的比利时传教士南怀仁，指出反对变更传统历法的杨光先、吴明烜所造的康熙年历书中的种种谬误。康熙八年（1669），年仅 15 岁的小皇帝为解决明末以来的中西历法之争，让南怀仁与杨光先、吴明烜先后在午门外广场和观象台，当着王公大臣的面各自计算、验证天象。结果，“与南怀仁所指逐款皆符，吴明烜所称逐款不合”，康熙皇帝遂任命南怀仁为钦天监监副，并下令采用其中西合璧的新历。颁布历书，是农业国家的一件大事。每年的十月朔日（初一），都要在午门举行颁布时宪书（历书）的仪式，称为颁朔礼。后人完全有理由把这种“公开”“透明”“让事实说话”的做法，评价为康熙给紫禁城带来的讲究科学的些许曙光。

皇帝们有时候也会想到在可以产生较大影响的方面表现一番与民同乐。午门建成后，永乐皇帝朱棣就宣布每年正月灯节时，文武官员和京城百姓可以在午门前观赏灯火。于是，午门楼上张灯结彩，朱棣赐宴文武高官。午门外千百盏彩灯堆叠成山，多达 13 层，形似鳌，叫作鳌山灯。百姓们燃放焰火，观灯三天。不料观众太多，拥挤不堪，后挤倒鳌山，引发火灾，死伤多人，这活动刚刚开始就不再举办了。

21 世纪的第一年，帕瓦罗蒂、多明戈、卡雷拉斯在午门广场高歌《今夜无人入睡》，世界三大著名男高音的梦想之音直上紫禁城夜空。

午门上的国立历史博物馆

从午门城楼上看东西侧燕翅楼及正南面的端门。→

一个故宫，催生了两个博物馆，两个中国最大的博物馆：一个是故宫博物院，另一个是国家博物馆。现在位于天安门广场东侧的国家博物馆，最早出现在世人面前，是在午门城楼上。

1912 年，中华民国建立，蔡元培出任教育总长。教育部规定社会教育司具体管理博物馆、美术馆等，责成该司筹建博物馆，并委派科长周树人（鲁迅）勘选馆址。1912 年 6 月，国务会议决定改国子监为历史博物馆，教育部设立国立历史博物馆筹备处。1917 年，因国子监地处偏僻、屋舍狭隘，教育部提议将故宫午门楼作为京师图书馆，端门楼作为历史博物馆。后因经费不足，教育部停止京师图书馆迁移，将端门、午门一带定为国立历史博物馆筹备处新址，单独迁入。1918 年 7 月，教育部令筹备处“先将旧时国子监内所设筹备处陈列物品暨敬一亭所藏历朝红本文件移置午门楼上，赶速清理，分别部居，妥为陈设，庶便观览”。筹备处迁入午门后，便将午门城楼及两翼阙楼辟为陈列室，午门城台下东西庑各三间作为办公室，东西朝房作为贮藏室，端门城楼贮藏重、大器物。总计馆舍 150 余间、文物 57 375 件。

1920 年 11 月，国立历史博物馆正式成立。查鲁迅

日记，1920 年鲁迅多次“往午门”，仅在 4 月下旬就去了八次。

国立历史博物馆筹备处迁入午门后，组织人员开展各项工作，主要是考古发掘与调查、保管古物、考订研究、摹拓摄影、编辑出版等事务。经过多年努力，至 1924 年，藏品已达 20 余万件。

1925 年 10 月 10 日，紫禁城北门神武门挂出故宫博物院的牌子。一年之后的 1926 年 10 月 10 日，在紫禁城南门午门，国立历史博物馆正式开馆。

这一天，在午门城楼上开放了十个陈列室，正楼四个，东西长庑各三个。十个陈列室，“一为售品存储；二为金玉；三为刻石；四为教育博品；五为明清档案、国子监旧存文物、明器、模型；六为针灸

站在午门北面的太和门内看午门。

铜人、杂器及寄陈文物；七为兵、刑器；八为发掘文物；九为模型图标；十为国际纪念品”。

据档案中的“本馆开馆期间每日参观人数比较表（民国十五年十月十日至十一月七日）”记录，开馆四周，参观总人数达 185 714 人；10 月 10 日第一天，参观人数就有 45 020 人。如果不是看见当时的统计档案，真不敢相信：开馆第一天的午门城楼，竟然涌上这么多参观者！一年前的同一天，故宫博物院（紫禁城后半部分）开院那天，只有拥挤不堪的记载，没见过具体的统计数字。紫禁城一前一后两个博物馆，开馆日到底哪个观众多，只能是个永久之谜了。不过，可以断定的是，那时的“故宫热”，不在今日之下啊！

午门城楼上的吴冠中

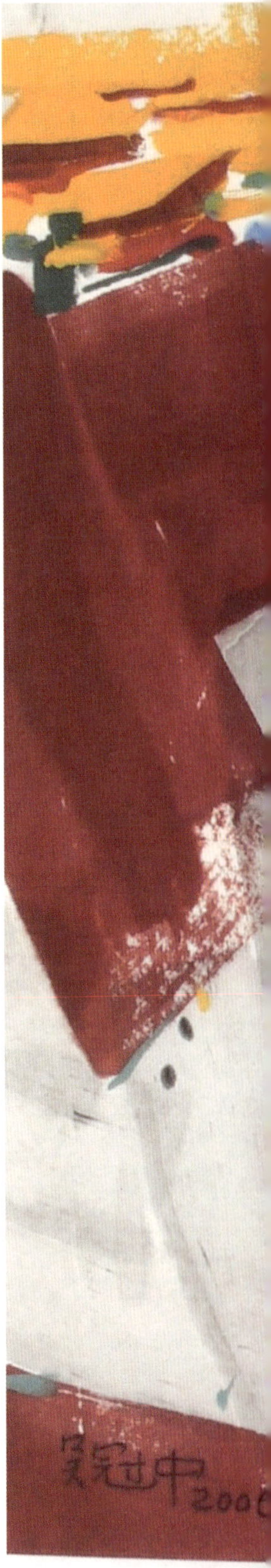

2006 年，吴冠中决定向故宫博物院捐赠作品，故宫博物院于是在午门正中城楼举办吴冠中历年捐赠作品汇展。我请吴先生登上午门城楼视察展厅。时值暑期高峰，每日有四五万参观者，多为青少年。只见人流如五颜六色彩带，从端门涌出，流动于午门广场，涌入午门。我说：“吴先生，您的墨彩！”先生面向城台下流动的观众，静立良久。隔天，我登门商量好捐赠和展览事后，吴先生说：“你来看，你说的我画出来了！”吴先生孩子似的高兴。我细看，是吴先生特有的彩墨——现代的色彩流动于古老的城池。上题：“故国三千里，深宫二十年。”吴先生补写了一句：“古老的故宫打开大门了。”

吴先生题在画上的是唐朝著名诗人张祜《宫词》中的前两句，后面的两句是“一声何满子，双泪落君前”。吴先生在午门城楼前，想的不是多少个皇帝曾经站在这个地方的样子。他看着眼前青春靓丽快乐的年轻人，想的是 500 年皇宫里无数年轻女性的悲惨命运。

也是在这个时段里，吴先生又创作了两幅《紫禁城》。第二幅进一步对皇帝之城，对皇权文化，

故國三千里，深宮二十年

紫禁城
吴冠中二006

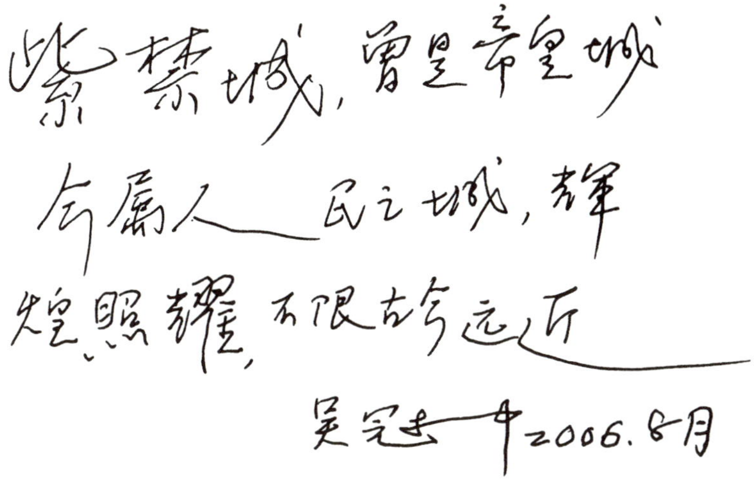
紫禁城，曾是帝皇城，今属人民之城，辉煌照耀，不限古今远近

吴冠中 2006.8月

吴冠中为《紫禁城》杂志题词。

做出整体性的评判。粗黑沉重的“紫禁城”三个大字，与压在其下的五彩色块构成奇特的画面，直击皇宫文化、皇权文化，以及专制文化镇压生命、扼杀人性的本质，这扼杀不只是对年轻女性生命的扼杀。光彩夺目的皇宫，实质上是暗无天日的牢笼。所有的人，不管是皇帝、宫女还是太监，或者是皇亲国戚、大臣将帅，统统是这个牢笼里的囚徒。第三幅则是以欢快、明丽、跳跃的色调，以几乎走向极致的抽象墨彩，将紫禁城的色彩与游人流动的色彩融合，对已经成为公共文化空间的故宫，抒发出浓烈的“今属人民之城，辉煌照耀，不限古今远近”的情怀。

吴冠中的紫禁城不只让我们看见新的形态、新的墨色、新的艺术，更让我们看到了吴冠中对帝制皇权的价值评判，对传统与现实关系的艺术表达，看到了现代理性的魂灵。三幅小小的作品，由此成为宏大

吴冠中2006.
紫禁城.

的历史叙事。

过去的皇宫紫禁城能给我们什么？吴冠中的紫禁城能给我们什么？吴冠中的艺术表达，启发我们在走进走出紫禁城的时候，在谈论紫禁城的时候，要想到我们面对的是中国的历史，谈论的是中国的文化，是中国的传统文化。因为在漫长的帝制时代，皇宫是掌握绝对权力者皇帝生活、居住、执政、发号施令的地方。以皇帝为主宰的皇权文化，无疑是那个时代起决定作用的主流文化、主导文化，覆盖和影响着社会的方方面面。那么，几千年以来以皇权文化为主导的传统文化中，到底是优秀文化多，还是非优秀文化多？今天的人们，到底是创造性地继承和发展了优秀的传统文化，还是因袭了一些非优秀的甚至是糟粕垃圾的传统文化？吴冠中的紫禁城，引发我们更久远、更沉重的思考。

我又想到了吴冠中的“叛徒”说。他的意思是说，真正地继承传统，就要做传统的叛徒；跟老师学习，尊重老师，就要做老师艺术的叛徒。吴冠中的紫禁城就是紫禁城的叛徒。吴冠中的紫禁城可以引发我们继续思考：如果我们的艺术家继续沉迷在传统的山水、笔墨、趣味之中，就永远成不了伟大的艺术家；如果我们的公务员继续沉迷在传统的权力文化中，永远成不了人民的公仆；如果我们的学者继续沉迷在传统文化中故步自封，就永远产生不了伟大的思想家科学家。所以，不必说对于那么多非优秀的传统文化了，即便是对于优秀的传统文化，理性的态度、正确的做法，也一定应当是创造性地转化、创新性地发展。所以，吴冠中的紫禁城，吴冠中的艺术道路、艺术思想、艺术精神，不仅是中国艺术领域里的典范，在其他领域同样具有普遍意义。

内外金水桥

相信大多数从天安门进入紫禁城的人，都会将亮丽典雅的汉白玉金水桥铭记于心。金水桥不是一座，是两座。进天安门之前经过的是外金水桥，进午门后第一眼看到的是内金水桥。也就是说，要进入皇帝的宫殿，先要跨过一座桥，接着穿过三座门洞，再跨过一座同样的桥——多奇异的过渡与穿越的组合！

如此奇妙的设计是哪儿来的？想想看，不论哪位皇帝，他在紫禁

城里走动，如果看不到河水的流动，他可能就缺少了天下江山的感觉；他要离开紫禁城，或者从外边回到紫禁城，如果不跨过一条河、两条河，那么，他缺少天下江山的感觉可能更加强烈。他甚至会因此而怀疑自己的权力到底有多大，他的权力到底是静态的还是动态的，他的权力能不能如流水般漫延渗透、无边无际、无处不有。

现在好了，内外金水河，内外汉白玉金水桥，足以让皇帝们得到

午门内金水桥。

在午门城楼北侧向北看，穿过午门洞的笔直御道越过内金水桥，伸向太和门。

不少安慰。

紫禁城、金水河、汉白玉桥——多么尊荣亮丽的色彩，连名称都这么响亮悦耳。

朱棣站在刚刚造好的午门与奉天门（太和门）之间的金水桥上，五座汉白玉桥横卧在弯曲有致的金水河上。他站在最中间的那座桥上，站在那座只有他能通过和站立的汉白玉桥上。他的桥宽，别的桥窄；他的桥两侧是云龙望柱，别的是火焰柱。

他抚摩着洁白的汉白玉云龙望柱凝神沉思。金水河怀抱着他的紫禁城，白玉桥拱卫着他的金銮殿。他的紫禁城是方方正正的，无论是从外看还是从里看，所有的建筑，包括城墙、宫墙、院墙、大院小院、

大的宫殿和小的配房，一律是方方正正的。他知道他的紫禁城必须方正端庄，必须全面地方正端庄，才能显示帝王的庄重威严。

但有时候他不免觉得是不是太过端正庄严了，以至于这么大的紫禁城总是安静得出奇，不管有多少人，都得屏气静声。

现在好了，弯弯曲曲的金水河就在他的眼前。虽说除了下大雨，金水河并没有流动的声音，但这么一弯曲，这么弯来弯去，声音不就弯出来了吗？这使得他的方正恢宏的紫禁城任何时候都不显得空旷、不感到寂寞了。

游龙般穿行的金水河，映照着弯月般的金水桥，使巍峨的宫殿更加庄严肃穆；而雄伟壮丽的宫阙，也使得金水河、金水桥更加曼妙多姿了。威严中的委婉、方正中的回环、稳固中的灵动，甚至是酷热中的清凉、冰冷中的温暖——真的是刚柔相济、动静相得、声息相投啊！

所有这些看到的、想到的、感觉到的，甚合朱棣的心意，也甚合所有皇帝的心意。据记载，紫禁城启用不久的一个冬天里，金水河结冰，冰面居然出现了楼阁、龙凤、花卉的形状，朱棣大喜，赐群臣观赏。是的，再威严的皇权，再冷酷的皇权，也要表现得如金水河般委婉、温和、明亮，如金水桥般纯洁、滋润、柔美。

朱棣甚至有可能因为这些而选择在奉天门御门听政。在看得见金水河、金水桥的地方决断国家大事，行使至高无上的皇权，或许更有一种靠山面水、指点江山、把握天下的真切感受，更能体现皇权的流动与扩展的力量，体现皇权凝聚的庄严、威猛的力量，体现皇权渗透浸润无处不在的力量吧。

在太和门广场东侧看午门，看金水河。金水河从这里流出太和门广场。

流动的皇权

建造紫禁城之时，以及紫禁城造好之后，朱棣一定不止一次沿着金水河视察。陪着他的大臣一定会说，在帝王宫阙里放置一条金水河代表天河银汉的意思从周朝时就有了，既然紫禁城上对紫微星垣，自当有一条河对应天上的银河。他还会从风水学的角度说，紫禁城是枕山襟水的，城北堆起一座万岁山，城内环绕一条金水河，这样就天地之气相接、山水之象融合了。他还会具体地解说，西北是八卦中的乾位，是天门位，金水河从积水潭，从北海太液池，从万岁山的西侧，从紫禁城的西北方，即从天门引入，就把天上的生气引入了。这生气贯通紫禁城，从东南方导出，天气、皇气就流布天下了。北方从水，西方从金，金又生水，所以叫金水河。他还会说得更远，说这金水河的水来自北京西北的玉泉山，玉泉山连着燕山、太行山，连着更远处的昆仑山，那是古书里记载的天地的中心；说这金水河从紫禁城流出，可以流向黄河、长江，流向南京，流向东海、南海。这样，皇气、皇权就铺天盖地了。

听着这样悦耳舒心的话，朱棣心满意足。他看着一渠清水穿过西北角楼东侧厚厚的城墙流入宫中，弯弯曲曲地转向西边，从灰色的城墙和红色的宫墙之间直中有曲地向南延伸，在西华门附近，向东拐入武英殿前，在蜿蜒的汉白玉望柱、汉白玉栏板和一座又一座汉白玉石桥的护佑下漂过宽阔的太和门广场，又拐向北，从文华殿后边流过，经东华门内往南，从东南角楼西侧流出。弯弯曲曲，漂漂荡荡，时隐

流过武英殿前，注入太和门广场，流过内金水桥的金水河。

时现，时明时暗……2 000 多米长的金水河，他竟然在不经意间就走过了，一如走过他的江山。

金水河其实也有很实用的功能，只是总管大臣不便跟皇上明说。不过，不说皇帝心里也明白。刘若愚《明宫史》记得很清楚：“是河也，非谓鱼泳在藻，以恣游赏；又非故为曲折，以耗物料，盖恐有意外火灾，则此水赖焉。天启四年六科廊灾，六年武英殿西油漆作灾，皆得此水之济。而鼎建、皇极等殿大工，凡泥灰等项，皆用此水。祖宗设立，良有深意。”所记供工程用水的功能当然可以明说，排水功能更是可以大说特说。紫禁城内面积 70 多万平方米，排水系统总计 1 万多米，支渠干渠全部排入金水河。数百年间，无论雨水多大，金水河从无积水之害。有了这些实用功能，金水河就愈加金贵尊贵了。

金水河从东华门内东南角穿过城墙，流出紫禁城。

金水河流出太和门广场后，因需要一条道路通过，便建造了一座很别致的桥——半座白石桥，另一半以宫墙为栏。这座桥位于协和门外北侧。

金水河流过文华殿后、文渊阁前时，特别地蓄了一池水，架了一座桥。

金水河的变化似乎与家国的兴衰有些关系。据说到明中期以后，金水河淤积，疏浚后竟栽种了荷花和菱角，还养了鱼和水禽。鱼鸟戏水，叶儿田田地舒展，花儿尖尖地含苞、艳艳地怒放，还有宫女们荷叶般翠绿的衣衫、荷花般的粉面。

好看是好看了，就是王气皇气被遮掩了许多，也暗淡了许多。有人说紫禁城里的风景好似江南，明朝后来的皇帝几乎不再南下过河渡江了——连金水河的水都不如。

“御道”与中轴

我不止一次地看到过这样的资料，也不止一次地听说过这样的事：中国和外国的建筑家、艺术家、设计师、外交官等，面对紫禁城时，觉得中国宫殿的空间大得令人感到“茫然”；穿过紫禁城的城门或站在城门下时，会感到绝无仅有的了不起的威严高贵，甚至有人不由自主地跪下来。我不知道他们产生这种感觉的心理依据是什么，但我知道几乎所有论说紫禁城、北京城的专家学者都会一致赞扬被营建者发挥到极致的那条中轴线，那条南起永定门、北达钟鼓楼、穿紫禁城而过的长约 8 000 米的中轴线，那条被称为“伟大的轴线”“神圣的轴线”“王者的轴线”的中轴线。大有宏伟的紫禁城源自伟大的中轴线的意思。的确如此。至少可以这么说，没有这条中轴线，紫禁城就不会这么威严。当然，没有紫禁城，中轴线也不会被看得如此重要。1420 年紫禁城落成之初，这条中轴线起于前门。100 多年后的嘉靖年间，京城扩建，中轴线南延至新建的永定门。到了 20 世纪 50 年代末，作为中轴线起点的永定门被拆除，中轴线起点消失。21 世纪初，永定门城楼复建，中轴线起点重现。

许多年以来，只有皇帝本人等极少数人可以沿着中轴线进入紫禁城，进入太和殿；现在，所有的人都可以像当年的皇帝那样沿着这条中轴线进入紫禁城，走近太和殿。可是，并非所有的人都能意识到京城营建、紫禁城营建的轴线结构的意义。紫禁城破土动工之时，不知在什么地方举行过多大规模的奠基礼？整整 600 年过去了，就中轴

从午门外穿过午门正中深深的门洞，越过内金水桥，穿过广阔的太和门广场，伸向太和门的笔直御道。在这条路上，过去留下的脚印最少，现在留下的脚印最多。由于石质的差异，每块巨石的磨损程度、光滑程度各不相同。

线而言，虽然最重要的部分还在，大体的格局还在，但变化还是不小的。除了那些醉心于京城营建、紫禁城营建的人，心中依然保留着完整的甚至完美的京城图像、紫禁城图像之外，对于大多数人来说，已经不大可能形成那个大紫禁城的图像与概念了。

但是，你可以想象。你如果有兴趣又勤快的话，可以站在复建的永定门城台上向北望，那条引人入胜的中轴线便会清晰地出现在眼前：一条笔直的大道直指前方和远方，像箭一样、像光一样射向远方。天气晴好的时候，4 000 米外的正阳门清晰可见。正阳门后是天安门，天安门后是端门、午门、紫禁城，再往后是景山、鼓楼、钟楼。这条笔直的大道像一束强光，照向照亮这座城市里最有历史感、最重要的建筑。所有重要的建筑都由这条大道一一贯通。它的确是一条一往无前、无可阻挡、威严庄严的神圣大道，一条界线分明、光芒四射、拥有无限风光的天下大道。这就是“伟大的中轴线”的力量所在吧。

从永定门到前门并不是最重要的地段，只是掀起高潮的前奏。即便如此，这一段也非同寻常。特别是过了天桥靠近前门的地方，这里是乡野走入都市，茅屋幻化宫阙，江湖登临庙堂，散漫纳入秩序的过渡路段。皇帝的间或出入并不是最重要的，最普遍最平常也最具魅力的是王公贵族、外国使者、地方官员、文人学士、科考举子、古玩戏艺及商人旅人的八方汇聚、朝夕交流。客店商号云集此处，各种大小会馆累计发展到 140 多处。各样的信息

在太和门看穿过午门门洞而来的青白石御道。

如北京春天的风沙一样吹来吹去、铺天盖地。行走在这样的道路间，本应应接不暇、流连忘返，可是，现在所过之处除了它的名字及由此产生的联想之外，已经变得与一般的街市没有太大的差别。前些年，尽可能按当年原样修复的一段前门大街重新开张，似乎也难体会到旧时情境。遥想康熙、乾隆皇帝为天下祈雨，曾素衣步行，从这条道上匆匆走向天坛。大概他们装扮得很像商人、书生或农夫吧，当时肯定不少人见过，只是没认出来。不管这条大道如何变化，这样的事情，倒是值得时常想起。

正阳门城楼和箭楼还留着。虽然门楼还是原来的门楼，可是，没了瓮城，没了向两边延伸的城墙，如永定门一样，怎么修也恢复不了旧时容貌。正阳门至天安门间的中轴线地带的变化就更大了。站在金水桥与天安门之间南望，掠过拱形汉白玉桥面，本来可以看得见大清门、正阳门甚至永定门重叠的门洞，正如回首北望，穿过天安门、端门的门洞，能看得清午门的门洞一样。可是现在，向南的御道和门洞都看不见了，只见宽广的天安门广场人流如织，五星红旗迎风飘扬，人民英雄纪念碑高高耸立。

这时候，转过身来向北，不仅可以看见天安门，而且可以穿过天安门、端门门洞，一直走向紫禁城的正门午门。雄伟的城楼、红色的宫墙、黄色的琉璃瓦告诉我们：曾经的皇城回来了，那座完整的紫禁城就在前面。这时候，只要你心里想到了，就会真切地感觉到自己正走在已有 600 年历史的御道上，走在数百年中只有皇帝才可以走的御道上，走在 20 多位皇帝走过的御道上。

御道是用青白色的巨大石块铺就的，据说每块石头重上万斤。巨石铺就的御道应当从大明门开始，但保留到现在的只能从天安门前的金水桥开始了。由于石质不同，每块石头磨损的情况不一，但那种厚实、沉重、坚硬甚至顽固的感觉是一样的。御道之外的东西都已经变了或正在改变，消失了的也不在少数，唯有这些石块纹丝不动地存在着，见证着、记录着、记忆着全部历史。

也许因为经历了太多的风雨，经历了太多的磨炼，坚硬沉重的御道终于变得光滑柔润起来。其实，真实的情形应该是这样的：自 1420 年起的 500 年里，铺就御道的巨石基本无多少变化，因为 20 多位皇帝走过的次数数得出来，殿试的前三名也数得出来，这些数得出的脚步根本无损御道巨石的粗粝与坚实；然而，自从皇宫转型为博物院之后，尤其是近几十年来，每年数百万、数千万的参观者在古老的御道上来来往往，很快就把这条坚硬顽固的石道打磨得光滑柔润又闪闪发亮了。就是这条现在变得光滑闪亮的中轴御道，穿过无数的风雨，引领无数的人走进京城、皇城、紫禁城最核心、最重要的地方，走进历史的深处和高处。

中轴线上

对于中国现在的首都，也是中国历史上著名的古都北京来说，2008 年北京奥运会的一大亮点、特大收获，莫过于让全世界的人，也让北京人突然发现或者更加清晰地看见和感知到了那条伟大的中轴线。这一设计从最北端的奥林匹克公园的建设就开始了，随着“鸟巢”的成形和完成日益清晰。当然，中轴线闪亮登场的高潮，还是奥运会开幕式上仿佛来自天外的巨人留在天空中的脚印的出现。仿佛来自天外的巨人从永定门的上空跑向鸟巢的上空。那一刻，不只是北京人，全中国的人乃至全世界的人都清清楚楚地看见了——29 个巨大的脚印刹那间照亮了北京城那条笔直的、伟大的中轴线。

第 29 届奥运会开幕式的设计者着意突显的中轴线南起永定门，北至奥运主会场鸟巢。事实上，它们并不是中轴线的两端。更确切地说，中轴线本无起点与终点。中国古代的宇宙观认为，天有天轴、地有地轴，且天地对应。中轴线既是中国古代都城营建的时空定位，又是可以无限延伸的时空概念。现代的延伸与古代的延伸遥相呼应——古代永定门正南的南苑，是从中轴线向南延伸出来供皇帝狩猎、操练军队的皇家御园；现在鼓楼、钟楼正北，是从中轴线向北延伸出来的鸟巢、奥林匹克公园。而中轴线的无限延伸，贯通了广袤大地、江河山川，贯通了古代现代、时间空间。

600 年前，随着这条中轴线的确定，中轴线上最重要的建筑紫禁城横空出世。从那个时候开始，这座集中了当然也代表了中国古代建

紫禁城里的太和殿，其位置被认定为北京中轴线的原点。太和殿大修时，在太和殿高高的屋脊正中分别向南望、向北望。

筑科学、建筑材料、建筑工艺、建筑艺术最高水平的建筑，这座宏伟的皇帝宫城，就以其独特的魅力吸引着世界的目光。一直到今天，紫禁城依然是世界上规模最大、保存最完整的木质结构皇宫建筑群，举世瞩目。近 600 年后，以紫禁城为核心的中轴线上，一座足以代表当今建筑科学、建筑材料、建筑工艺、建筑艺术水平的巨大的“鸟巢”横空出世。由于第 29 届奥林匹克运动会的开幕式，由于接下来诞生的一连串世界纪录，更由于它与紫禁城的关系（从建筑文化的意义看），“鸟巢”以

超乎寻常的速度备受全世界关注，并被评为当今世界上最具代表性、最优秀的建筑之一。跨越 600 年的时空，紫禁城与“鸟巢”，森林般的木结构网络与森林般的钢结构网络，连绵铺排着黄色琉璃瓦的古代皇宫建筑与扭结舞动的灰色钢筋铁骨，在同一条中轴线上相守相望。完全有理由相信，中轴线上古老的紫禁城与现代的“鸟巢”，会成为彰显中轴线深厚的历史内涵，以及过去、现在、未来的最有意味的形象标志。它们所具备的象征性意义，会随着时间的流动，越来越被人们认知、记忆。

正如没有这样一条中轴线为北京定位奠基，古老的北京可能没有这么伟大一样，如果没有这条中轴线为奥林匹克主会场定位，现代的奥林匹克运动会就会缺少些历史感。古老的中轴线、古老的紫禁城当然没想到也想不到会和今天的奥运会产生如此直接的联系，但是，经典的建筑文化、经典的建筑艺术，它们的伟大与力量，正体现在其历久弥新的生命力上。

紫禁城的御道、北京城的中轴线，伸向太和殿，穿过太和殿，伸向“鸟巢”方向。

『太和』在上

中轴线上最重要的建筑是太和殿。

紫禁城所有的建筑簇拥着太和殿。

最大的广场上只有一座最大的房子，最大的房子里只有一座最高的台子，最高的台子上只有一个最高的座位，最高的座位上只有一个人坐着。

只有在这个地方才能确认皇帝的身份，确立皇帝的地位。

皇帝是什么？皇帝就是太和殿；太和殿是什么？太和殿就是皇帝。必须让这座宫殿成为天下至高无上的宫殿，必须把这座宫殿建造成『座』拥天下的宫殿。

八门洞穿九门开

长长的御道整齐光亮，直直地穿过天安门、端门，伸向午门，伸向高大的城墙和雄伟的城楼正中，钻进午门的门洞。紫禁城厚重的红色大门仿佛是被笔直的御道推开似的。穿过午门门洞，在期待看见下一个门洞的时候，梦幻般的世界豁然浮现——弯弯的内金水河、金水桥横在眼前，四面黄色的屋顶铺排开去，融入蓝蓝的天空。继续前行的御道越过白色的内金水桥，突然停止在殿宇般的太和门前。站在太和门高大宽敞的廊柱间回望一路走过的中轴线，依次透过午门、端门、天安门望远镜般的拱形门洞，居然看得见驶过天安门广场的一辆又一辆公交汽车。如果千步廊还在，如果大明门还在，如果天气晴朗，一定能继续依次透过大明门、正阳门、永定门的门洞，看到更远更远的地方。这就是伟大的中轴线能够穿越时空的力量所在吧。

同时，你又会强烈地意识到，你必须且只能沿着笔直的中轴线走，通过重重门、层层墙才可到达太和门、太和殿，进入皇帝的宫殿——这就是所谓伟大的中轴线“王”道、“霸”道、威严庄严的力量所在吧。

从午门中间门洞走进紫禁城，还没走出门洞，天穹中的太和门已经出现在眼前了。

太和门是皇宫中最重要的太和殿的南大门。太和殿最早名奉天殿时，太和门则名奉天门。

那就站在太和门正中，环视前后，仔细体察其中的“奥秘”吧。

早在《周礼》的时代，就有天子“五门三朝”的讲究。一直流传下来，又有了“九五至尊”的说法。现在看起来，确实有些数字游戏的趣味，但在王朝帝制的历史上，一旦和帝位皇权纠缠在一起，就被阐述成必须遵循的“经典”了。比如，阴阳说里，单数为阳，双数为阴，阳为乾，阴为坤，皇帝就是乾阳的代表。一、三、五、七、九，阳数里五居中，就有了“王者居中”；九最大，就有了“九五至尊”。紫禁城里，这样的数字组合、数字表达无处不在。单看中轴线上的门——永定门、正阳门、大明门、天安门、端门，五门之后，正是紫禁城的正门午门；加上紫禁城里的太和门、乾清门，以及后门神武门，一共是九座门。午门外是外朝；午门至乾清门是治朝，也称前朝；乾清门内是燕朝，也称后朝、后寝——天子“五门三朝”，或者天子“九门三朝”。不论怎么附会，怎么发挥，数字和次序是不会变的。

我也比附过。为了亲身体验一番别人说的了不起的中轴线的力量，体会中轴线和北京城的关系、和皇城皇宫的关系，我从复建的永定门出发，向着太和殿走去。大明门不在了，我假设还在。穿过一个又一个门洞之后，我登上了太和门。我站在太和门中间，回望我走过的中轴，回望我穿行过的门洞。我有我的算法：永定门两个，正阳门两个，大明门一个，天安门、端门、午门各一个，发现一共是八

从五座汉白玉金水桥中间的御道桥走过。洁白的金水桥过渡，左右两门陪护，皇宫的大门居中端坐。御道桥两边的望柱为云龙柱头。其余桥上的望柱造型被称为火焰柱头；因阴刻24道曲线，又有“二十四节气望柱”一说。依我看来，宫殿里最怕火灾，以其造型，倒不如叫作“水滴柱头”为妙，且与云龙标配。

个门洞；可是，一加上我站立的太和门，又是九个！

九门九重天。

我知道太和殿就在我的身后。我转过身来，发现笔直的青石御道并未停止在太和门前，它已经穿过太和门，直向巍峨的太和殿而去。

宫殿巍峨，殿脊伸向辽远的天空——近在咫尺的宫殿立刻遥不可及了：

八门洞穿九门开，
大殿崇楼顺次排。
青石御道何处去，
奉天本在云霄外！

别有洞天

从天安门走进紫禁城的道路设计，实在是太有引导的力量了。首先，你一定是在对宏伟城楼（天安门）的仰望中、在它的吸引下，走过鲜亮洁白的拱形汉白玉桥，然后不由自主地进入高深莫测的长长的门洞；接着，还是在对宏伟城楼（端门）的继续仰望中、在它的吸引下，再一次不由自主地进入一个高深莫测的长长的门洞。你以为可以走进紫禁城了，然而，等着你的是更加宏伟、更为雄伟的城阙城楼——午门。

通向紫禁城的道路设计，其核心不只是引导你，而是强迫你、规范你的身体与意识——必须走在这条预设的道路上，必须走进预设的门洞里，三进三出，直到你充满疑虑、茫然甚至绝望的时候，突然给你豁然开朗的奇异感觉。似乎不这样，你就不可能发现一个超凡脱俗的、皇帝的新世界。

连午门的门洞设计，也寓意十足。其本身是和其他门洞一样的券洞式门洞，但午门门洞入口处，即向外的一面，特意处理成与城阙相应的方形；而出口处，即向内的一面，保持了圆拱形——别有洞天，地方天圆，外面是“地”，里面是“天”。这一看似不经意的设计，就是要千方百计但又很自然地让你经历神奇的三次穿越

从太和门广场东西两侧由近及远的眺望，不同的点位、不同的时光，总会看见洁白亮丽的汉白玉金水桥，汉白玉栏板、栏杆、基座，烘托着红墙、红门、红窗、黄色屋顶的殿宇，与蓝天白云、晚霞落日，融会出一派“天上人间”的气象。

之后，给你超凡脱俗的感觉，让你自己问自己：我看见的，我正要走进去的，是人间天上，还是天上人间？紫禁城的城门由此被赋予沟通天地的功能——从俗世进入天界。再加上一出圆拱形门洞，展现在眼前的是开阔空旷的巨大广场，本来是皇宫的前庭前院，就这样给了你天上宫阙的感觉。

在午门与太和门之间这个空旷的空间里，在进入皇宫后的第一个大院落里，站在任何一个角落，从任何一个角度打量，你总会看见，洁白的汉白玉栏杆护卫着的、贯通东西的金水河。隆起的洁白的汉白玉金水桥作为核心，以其凹凸有致的曲线，烘托起四面八方、漫无际涯的黄色世界，烘托着黄色的世界融入蓝天白云。你或许会看见，在四面八方、高高在上的黄色世界的控制下，在太和门前两只威猛的青铜巨狮的监视下，柔顺如弯月、饱满如弯弓、洁白如玉的金水河和金水桥，在皇帝无比宽阔的庭院里舞动着曼妙的身姿。

作为皇宫的前庭前院，这一开阔的广场，又是四通八达的分流中枢。广场南面，午门城楼下的五个门洞，既是进宫的门，又是出宫的门。城楼东西两侧，是登上午门城楼的东西马道。马道旁边，还有顺着灰色城墙分别通往东南、西南一带各类库房的平坦而无门的通道，通道设置得隐蔽，但便于运输各类物资。广场的西面与东面，除了金水河从朝房下面流入与流出（暗河），西有通往武英殿、西华门的熙和门，东有通往文华殿、东华门的协和门。广场的北面，亦即广场正面，一字排列三座门：太和门居中，东侧昭德门，西侧贞度门。数一数，太和门广场四围，总共 16 个出入口。出入口虽多，但主次分明、形态得体、显隐适宜，丝毫不影响分流中枢的整体感。

原因何在？在这个巨大的空间中，你不得不佩服设计者精准的把握：任何一个方向的分流，任何一种功能的实现，任何一处形态的处理，都不会改变它们朝向太和门的位置与拱卫太和门的职责。因为在这个空间里，太和门是真正的宫殿大门，是通向紫禁城中最重要、最

核心的宫殿的大门。

也许出入口太多了，虽然管制严厉，但时间一长，难免出点不大不小的乱子。据说明嘉靖十八年（1539）一个炎热的夏夜，一个精神错乱的男子不知何时从何处混入，竟然裸体端坐在奉天门内“御门听政”的皇帝座位上，第二天一早才被看门的太监发现。清嘉庆十五年（1810），一个叫蒋廷柱的小官员，据说脑子也有点问题，从午门混入，竟然在东面的协和门前、金水河边放起鞭炮来，噼里啪啦的鞭炮声惊乱了沉寂的宫廷。这类事件，设在东西两侧的实录馆、起居注馆大概是不会记载的吧？

真假太和门

午门正中的御道门正对太和门。

在宫城的正门——午门外任何一个角度看，坐北朝南的雄关午门是绝对的主体、主宰。而一旦从午门进入紫禁城，直面宫殿的正门太和门之时，午门即刻成为太和门的倒座门，成为太和门的陪侍者、服从者。

太和门也一样。在午门与太和门之间的广场里，通向太和殿的太和门是绝对的主体、主宰。而一旦从太和门进入太和殿广场，直面太和殿之时，太和门即刻成为太和殿的倒座门，成为太和殿的陪侍者、服从者。

本来是够隆重、够盛大的空间里的主宰者，居然在一转向、一转身的瞬间，就变身为另一个更隆重、更盛大的空间的服从者。这或许是皇帝时代鲜明等级制的含义与特征。但是，这种由体制和位置决定的两面性，并不影响它们在各自空间里的主宰地位，何况它们都是雄居御道上的重要建筑。

紫禁城里的主要建筑，皇帝直接使用的建筑，一定不是建在平地上的，一定要建在须弥座台基上。须弥来自佛教文化。皇帝的宫殿建在须弥座上，取须弥之神圣、崇高、中心之意。端坐在汉白玉须弥座上、被汉白玉栏杆簇拥着的太和门，由当时铸造水平最高、体量最大、气宇非凡的青铜狮子守卫，与汉白玉栏板和栏杆护卫的金水河，与汉白玉金水桥，形成优雅的组合，既庄重雍容，又灵动圣洁。

在午门城台上午门城楼北面看太和门及其东侧昭德门、西侧贞度门。

作为太和殿的南大门，太和门自然是紫禁城中规格最高的大门。汉白玉须弥座台基高 3.44 米，基座上的殿宇式大门，面阔九间、进深四间，建筑面积达 1 300 平方米。拾级走进太和门，总觉得不是进了门，而是登了堂入了室。满堂红柱林立，屋顶彩绘满铺。能开能合的 3 座门开在殿堂的最北边，6 扇门朱漆金钉，光彩夺目。门的前面是开阔敞亮的厅堂，可以充分利用。事实上亦如此，许多治国理政的大事在这里进行。明朝时太和门名奉天门、皇极门，是明朝皇帝“御门听政”之处，既是大门又是殿堂，当门听政，当堂议政、行政。清朝入关的第一个皇帝顺治帝，就在此门登基，颁诏天下，宣告一个新的朝代开始。

明朝早期的皇帝们还是很勤政的，差不多日日早朝。每日天蒙蒙亮，文武百官就得匆匆赶到，风雨霜雪概莫能外，想来也是极辛苦的差事。维修太和门的时候，我发现门厅东南角大红柱旁的地面上，原本极结实的“金砖”竟有凹痕，显然是被双脚磨出来的。想来站在这个位置的大臣，不大被皇帝看得清楚，也不大为别人关注，有机会不停地活动冻痛的双脚。这里也有可能是侍卫值守的位置，站立既久，又不为他人注目，双脚的活动便可以更频繁些。

明朝的嘉靖皇帝，以藩王的身份进京即位，先是拒绝从东华门进宫，坚持由午门进宫，直登奉天门，以示名正言顺。又为坚持追认自己已故父亲兴献王为皇帝等事，与大臣们发生了似乎不可调和的“大礼议”之争。嘉靖三年（1524）的七月，竟有九卿、翰林、给事中、御史，以及吏部、户部、礼部、兵部、刑部、工部等 200 余名文武官员跪伏于广场东门左顺门（清更名为协和门），向嘉靖皇帝抗议、请愿、示威，并由跪伏到数人撼门大哭，到数百人伏哭不止，哭声响彻紫禁城。尽管伏谏官员如此之多，伏跪长哭达七八个小时，但跪着的毕竟熬不过坐着的，趴着的抗不过站着的，嘉靖皇帝当即命锦衣卫将带头者捉拿下狱，随后分别惩治所有参与者，其中 17 人被活活杖死。

且不论发生在左顺门的这件震动朝野的大事的来龙去脉、是非曲直，也不说这件事到头来还是进一步强化了皇帝的集权，无论如何，现在每每走过太和门广场金水桥东面的大红门，数百名朝廷命官在此处伏地长跪大哭的情景就恍若在眼前。

是啊，皇帝对帝制的维护，对家族利益的维护，总是离不开暴力杀戮。朱元璋做皇帝后，不仅迅速加强集权专权，更创造了以特务手段、特务机构、特务政治维护权力的法子，创造了 10 多年杀戮 45 000 余人的历史纪录，几乎杀尽了功臣宿将。他的儿子，建造紫禁城的朱棣，也创造了灭十族的历史纪录。这个传统，是被他们的子子孙孙继承并发展了的。而且，他们创造的杀戮手段，简直变态，残酷不忍记，千古未见。动辄在宫廷里当众剥开廷臣的衣裤，杖打屁股，打得皮开肉绽，既辱心志也痛皮肉，立毙杖下者不在少数。不过，令人奇怪的是，明朝皇帝随意杀戮，随意廷杖，随意下诏狱，对士大夫的随意施虐无以复加，反而激起士大夫前赴后继的群体性自虐式抗争。

刚刚修缮一新的太和门内部。

消防演习时的贞度门。清光绪年间的大火就是先从这个地方烧起来的。

太和门门厅东南角红柱旁的磨痕。

杀人打人的，用杀和打捍卫帝制的纲常名教；被杀被打的，用找杀找打博取捍卫纲常名教的名声——只有在极端的皇权至上、帝王专制专权的恶劣政治环境下，才生出此类杀者与被杀者为了同一目标行动的悖论式怪状。

和它后面的太和殿一样，太和门也没逃脱被烧毁的厄运。它在明嘉靖时期烧毁过一次。最惨的是清光绪十四年（1888）十二月十五日深夜，大火先从太和门西侧的贞度门烧起，向东延烧至太和门，继续向东延烧至昭德门。失火灭火持续两天两夜，太和门和左右两侧的

金水桥前太和门。

昭德门、贞度门以及廊庑全部烧毁。这时距光绪皇帝大婚婚期仅一个多月，而太和门又是皇后凤舆入宫必经之处，重建一座面阔九间、进深四间的宏伟宫门已无可能。不祥之兆，朝野震惊。皇帝的大婚日期是万万不可更改的。情急之下，在原址按太和门形制搭建了一座彩棚应急，居然搭出了“虽久执事内廷者，不能辨其真伪”的效果。这么重要的场所，这么重大的事，竟能做到如此地以假乱真，真算得上一桩天大的奇事。想来在慈禧太后专制之时，集中京城甚至全国的能工巧匠作假造假、以假乱真并不是办不成的事情。

广场进行曲

踩着皇帝的御道走进紫禁城，钻出一个洞又钻进一个洞很开眼界；穿过一个又一个的洞，看见一片又一片大的广场更开眼界。太和门广场已经大得意想不到了，跨过太和门的高门槛，一片更大的广场铺展在眼前，且是尽收眼底的下沉式广场。太和门广场虽大，尚有一道委婉洁白的金水河护栏贯通东西，其上有五座隆起的汉白玉桥，可是，更大的太和殿广场却空空荡荡。

立刻想到一路走过的一处又一处广场。不必说已经几乎完全变样的天安门广场，端门广场、午门广场、太和门广场、太和殿广场——皇城、宫城内部超过 10 000 平方米的大场地，全部集中在中轴线上，与那些最重要的建筑组成最重要的建筑空间。

第一次准备从天安门门洞走进去的人根本不可能想到，等待他的至少是三座几乎同样大小的深深的门洞，三座同样高耸的门楼，三处一处比一处开阔广大的广场。天安门高 34.7 米，端门高 34.37 米，午门高 35.6 米，太和殿高 35.05 米。原大明门至天安门之间的广场宽 60 米，天安门与端门之间、端门与午门之间的两个广场宽 100 米，午门与太和门之间、太和门与太和殿之间的两个广场宽 200 米。午门前的凹形广场 9 900 平方米，太和门广场 26 000 平方米，太和殿广场高台下面的部分就超过 30 000 平方米。一个广场比一个广场宽大广阔，直至太和殿广场成为建筑群内部的最大广场。

正是这样的广场空间的营造，不管是从过去的大明门开始，还是

太和殿广场。

从现在的天安门开始，使人愈往里走，愈觉得高深莫测、气势雄伟、博大开阔，愈觉得其中弥漫着无比的威严。

这威严一层又一层地包裹每一个身临其境者的身体，一次又一次地震撼每一个身临其境者的心灵。当站在太和门后面，看见更宽阔的太和殿广场的时候，看见巍峨地矗立在广场最高处的太和殿的时候，虽然仍是惊异不已，但已经深信不疑：在这样的建筑世界里，什么样的空间奇迹、什么样的惊异感觉都有可能随时产生。

皇帝的广场就是这样，最深、最核心处的广场最大，最接近皇帝的广场最大。以每平方米站立四个人计，太和殿广场足可容纳十几万人。可是，在皇帝面前，在皇帝的宝座面前，再大的广场也得沉下去。太和殿广场四面的围房统统建在高台上，太和殿建在更高的三层汉白玉台基上。皇帝站在最高处，四下刚好与他站立的台面齐平的屋檐朝他匍匐而来。在皇帝的眼底脚下，沉下去的空荡荡的广场即便站满了

人，站上十几万人，也无非如空旷广场的七层墁砖地面上又多墁了一层砖而已。

皇帝的广场是没有也不需要生命的广场。皇帝的广场既不养草栽花，也不植树造林。没有花草树木更显空旷博大。从树丛中走过，从林荫道走过，与从空旷中走过的心理感受、精神状态绝对两样。没有草木的气息，没有生命的气息，才算得上冷静冷漠，才够得上威严威慑。皇帝登基、大婚、万寿的大典如果在树影婆娑中举行，皇帝出巡、回宫的壮观队伍如果行走在林荫道上，皇帝的威仪就不能与日同辉了。如果在午门前的树林中献俘，城楼上的皇帝将帅如何炫耀、彰显和体验胜利的荣光？如果在午门前的树林中杖击大臣的屁股，被惩治的臣子怎能被光天化日下的重创羞辱到极致？

皇帝的广场通常情况下是空无一物的，但它的形制绝对容得下万千世界。皇帝随时可以举行规格最高最盛大的仪式，站在最高处讲话的声音可以通达四面八方，

太和殿广场。右为广场东侧的体仁阁，明初称文楼，明代曾在此楼存放《永乐大典》，清初改名体仁阁，后为内务府缎库。与体仁阁相对的广场西侧为弘义阁，明初称武楼，清初改名弘义阁，后为内务府银库。

而跪伏或站立在广场中的一个人、十个人、百个人甚至十几万人，他们的存在与否，皆可忽略不计，就像无数从砖缝石缝间长出来但很快就被无遮无拦的酷热太阳晒萎晒死的荒草。

皇帝的广场上只上演程式化的正剧悲剧。这样的露天舞台上只允许有一位主角发出一种声音，只允许一位天下最高音尽情高歌、声震云天。其余所有的人都有规定好的位置、规定好的职责，如太和殿广场上清晰可见的破碎旧砖、磨出裂缝的石头，尤其是御道两侧早已苍老发白但仍很整齐地指示固定位置的那些叫作仪仗礅的坚硬石头。即便可以发出些声音，除了震天动地的“吾皇万岁万万岁”，其他无外乎是些整齐协调的对皇帝声音的应声与和声。

一个接一个的“皇帝的广场”，其作用就是凝天下之神，聚天下之气，其发出的声音就是天地之音、天子之音、帝王之音。这就是“皇帝的广场”的空间创造出来的音响效果，这就是独特的紫禁之声。或许这就是所谓的“大音希声，大象无形”吧。

紫禁之声的基调，紫禁之声的主旋律，早已被天地对应、天人合一的中轴线规定好了。被中轴穿起来的一个个宽广的广场，是起伏的旋律中不断产生高潮的绝妙空间。中轴两侧连续对称铺排着大大小小的院落，其中的各种和声，通过宽宽窄窄的通道汇入一个又一个广场。紫禁城在建筑空间的调度上，以群落及单体建筑的大小、高低、宽窄、疏密的无穷变化奇巧组合，精妙调配，创造出一部主旋律突出、多声部协调的恢宏的中国建筑交响曲。

协调一致、配合和谐的紫禁之声因此主次分明、循序渐进。主调、和声……序曲、前奏、协奏、鸣奏、交响……由弱到强，由慢到快，由低到高，一次又一次出现，一遍又一遍回转，产生一个又一个高潮，不断陈述、一再强化着君权神授、受命于天、唯我独尊的鲜明主题。

最后，我们在高高的景山上看到和听到的，就是这样一部既悠长又嘹亮，既激越又恢宏，主题鲜明、叙事宏大的紫禁城交响曲。

寂寞栏杆

在宏大的紫禁城建筑中，集中在中轴线上的重要建筑，形式大于内容，或者说形式即内容，主要功能不在实用，重在礼仪。太和殿最突出，最具代表性。在太和殿周围建筑空间的构成中，又以簇拥着太和殿的层层叠叠的洁白的汉白玉栏杆最为突出、最具代表性。不只是太和殿的栏杆，紫禁城里所有的栏杆都如此。只具礼仪性的审美作用，只有单纯的装饰观赏价值的，大概唯有数不清的栏杆了。正如紫禁城把中国古代建筑技艺发展到极致一样，紫禁城也把中国的栏杆艺术发挥到了极致。

层层重重栏杆，簇拥着、烘托着三台之上的三大殿。

最好看的是和蜿蜒的金水河融合在一起的栏杆。任何人经过天安门，都会觉得搭在天安门前一座座金水桥拱形桥面上的一排排白色石栏杆漂亮极了。可是，一旦穿过午门，立刻会惊讶不已：原来更漂亮的河、更漂亮的桥、更漂亮的栏杆，在紫禁城里面。

如果遇上蓝天白云的好天气，所有走过白色石桥的人都会惊喜地发现：洁白的栏杆漂在水里，飘在天上，在蓝天白云的波动间隐现出没。由西向东漂过宽阔的太和门广场的逶迤的金水河，就这样始终被洁白的栏杆上上下下、水里水外地护卫着。正是由于栏杆的呵护与提升，金水河才有了飘动起来的姿势。金水河上的五座金

水桥当然是太和门广场上栏杆最集中的地方了。远远望去，那里隆起了一片白色的石林。白色的石林作为中心，牵引着正前方太和门前的白色栏杆，牵引着太和门两侧昭德门、贞度门前的白色栏杆，牵引着西北角、东北角的白色栏杆，牵连着西面的熙和门、东面的协和门前的白色栏杆——四面被红墙、红门、红窗和黄色的大屋顶圈起来的太和门广场，方方正正，达数万平方米，就这样被白色的石栏杆牵引着与金水河一起飘动起来了。

将紫禁城中最重要的太和殿、中和殿、保和殿高高地托举起来的三层台基，其上的栏杆层层叠叠，无疑最为壮观。同样是洁白的汉白玉栏杆，与金水河融为一体时，因临水而分外地灵动；而与三大殿巨大的“土”字形台基融为一体时，则因靠土而无比庄重。

通体精雕细刻、充满神圣宗教气象的三重须弥座高台，已经足以奠定紫禁城中最大宫殿至高无上的地位了；围绕三重须弥座，由 1 458 根望柱、1 414 块栏板、1 142 个螭首组成的石栏杆，努力地向上簇拥着、装饰着那座稳定的“土”字形高台。特别是蓬蓬勃勃生长着的上

千根云龙云凤望柱的铺排与拥护，更让天子的宫殿永远稳稳地矗立于超凡脱俗的境界之中。上千根望柱层层升高、直指云天，上千根望柱雕云雕龙雕凤，上千个龙头从望柱旁伸出，上千块栏板云头飘忽。栏杆上有云翻卷，云中有龙腾跃、有凤飞翔，青铜香炉上有香烟飘扬缭绕，这些把天子的宫殿缥缈成天上的玉宇琼楼。

且不说成千上万的雕栏玉砌烘托的是天下最高大、最壮观的宫殿，任何人任何时候从任何一个方向和角度，不论近距离观看还是远距离眺望，栏杆弥漫开来又聚拢起来，纯洁的栏杆世界之上的任何存在，都会使人心中升起敬畏之感、至尊之感、神圣之感。

高台和围栏在视觉上凸显出建筑的重要性。紫禁城中三大殿的台基无疑是最大最高的，周围的栏杆无疑是最多的。其余重要的建筑，如乾清宫、交泰殿、坤宁宫、钦安殿、文华殿、武英殿、奉先殿、皇极殿、慈宁宫、寿康宫等，还有太和门、乾清门等，也统统建立在高低不等的台基上，统统由栏杆护卫着。高台和栏杆早已成为识别和欣赏重要建筑的导引和标志。在紫禁城重要的区域，几乎到处都能看到

它们俊俏秀美的身影。

栏杆作为建筑组合中的一部分，并不是必要的，但有时候在有些位置上，却是最重要的，往往承担起最独立和最出色的建筑角色。它们独立的空间形象、排列组合的群体效应，总能给单调的空间增加丰富的活力，在规整的环境中焕发勃勃的生机。就说色彩吧，那种温润的白，在紫禁城大红大黄主宰的色彩世界里，却白得出色；而当大雪将紫禁城覆盖为白色世界的时候，它们纯净地凸显，更显出本色且出色的雍容尊贵。还有声音。走近那些与金水河相伴相生的临水栏杆，仿佛看见琴的弦、琴的纽，听见琴的声音融入流水。走近那些与高台相拥相长的朝天栏杆，仿佛看见无数的笙管齐鸣，听见雄壮整齐的鸣奏曲直入云天。尤其是在日落人静时分，天籁与栏杆之音浑然天成。

走进紫禁城，壮丽无比的宫殿群自然令人神往；可是，当你看到那些洁白的汉白玉栏杆的时候，眼睛还是一亮——最引人注目的竟在一瞬间变成栏杆了。它们是紫禁城方正里的委婉、庄严里的灵动、大红大黄里的纯净。或者说，它们的委婉使紫禁城更加方正，它们的灵动使紫禁城更加庄严，它们的纯净使紫禁城更加艳丽。

一看到这样的栏杆，一听到这样的栏杆之音，很难不想到倚栏、抚栏、栏杆拍遍的古诗古词。然而，紫禁城里的栏杆，皇帝的栏杆，可不是用来倚或抚的，更不是用来拍的。当然，除了皇帝，绝没有敢倚敢抚的，更没有敢拍的。尤其是拍栏杆，总是居高临下者的姿态和行为。自觉在高位上，自以为有能力和权力左右天下，可实际上不是也不可能这样，便只好拍栏杆去了。只是皇帝的栏杆太多了，天下的栏杆太多了，所谓的“栏杆拍遍”终归是空话，是急话，是气话，是没办法的话，也是发泄愤懑和牢骚的话。仅紫禁城中的石质栏杆接连起来，就有十几里路长，不要说拍遍了，若不认真、不用心、不凝神静气，数遍数清都不易。不过，皇帝们是很少拍他们的栏杆的，别人不能也不敢拍。世界上数量最多、材质最佳、雕刻最好、最亮丽的汉白玉栏杆，在皇帝的时代里，其实是最寂寞的。

紫禁城里的栏杆簇拥着繁华的宫殿，最热闹，也最寂寞。

“座”拥天下

紫禁城总能带给我一些奇异的感觉，它常常让我忘记了它是建筑，让我注意不到它的建筑性特征。

我异常清晰地记得，2003 年 10 月 28 日，一个深秋的傍晚，数万游人离开紫禁城后，为纪念故宫博物院建院 80 年而拍摄的大型纪录片《故宫》的开机仪式在三台之上太和殿前的平台上举行。

仪式结束后，所有参加仪式的人们伫立在宽敞的高台上，久久不肯离开。居然没有一个人说话，人人凝视沉思。喧嚣北京中的紫禁城寂静得出奇，仿佛听得见夕阳的余晖、那迷蒙的橘红色慢慢涂抹在红墙金瓦上的声音。

午门、端门、天安门、太庙的背影，越来越清晰。人民大会堂、国家博物馆的侧影越来越清晰。广袤的华北平原、泰山、黄河、长江、珠江、东海、南海、青藏高原——万里江山奔来眼底。真有些“天地为一朝，万朝为须臾。日月为扃牖，八荒为庭衢。行无辙迹，居无室庐。幕天席地，纵意所如”的感觉。置身这重重叠叠灿烂辉煌的皇宫核心，眼里心里什么都有，却也什么都没有了。

这个时候，我站在这样的位置上，更真切地感到太和殿不只是一座建筑，更是一处“座”拥天下的位置。

这样的建筑，这样的位置感，当然是为皇帝创造的，当然是皇帝创造出来的。朱棣下决心把他经营多年的北京定为他的都城。但只有京城是不够的，不显其尊，因为京城的平民百姓可与他共享；他要有

太和殿。

皇城，有了皇城也是不够的，不显其独，皇族官宦可与他共享；他要有宫城，皇帝独有独享的宫城。反过来说，他坐拥宫城是不够的，要有皇城；坐拥皇城也是不够的，要有京城；坐拥京城还是不够的，要有天下，要有上天之天下，天子之天下。于是，他把他的这座宫殿命名为奉天殿（嘉靖间重建更名皇极殿，清顺治重修更名太和殿）。

中轴线是最重要的。最重要的建筑都在中轴线上。中轴线上最重要建筑的核心是太和殿。太和殿比中轴更重要。像一个人的心脏一样，四面八方的建筑群落将太和殿团团围定。事实上，是太和殿的位置，决定了它周围所有建筑的位置。是的，这座宫殿一定要端坐在中轴线的轴心处。它必须是伟大中轴线上的原点。以太和殿为核心，以中轴线为基准线，整座紫禁城纵横线索网络清晰，大小群落铺排有序。

太和殿是皇帝登基的大殿，只有在这个地方才能确认皇帝的身份，确立皇帝的地位。皇帝是什么？皇帝就是太和殿。太和殿是什么？太和殿就是皇帝。太和殿是皇帝的宫殿。皇帝来了。眼前是他的宫殿，里面有他的位置。只有他可以轻松地走进去。不想走可以不用走，可以让别人用大轿子抬他上去。可以从云龙出没的三层大石雕阶石上凌空而上。如果那样的话，一定会有一种飘上去、飞上去的感觉。甚至有一种飘上天、飞上天的感觉。他进去了，他刻意地站在中央，他必须坐在中央。高高在上，一切尽在指掌之间。我即天子，天子即我；我即天，天即我。我融入天际，天地之间唯我独尊。别人——臣民——只可望但绝对不可即。没有旨意，没有召唤，没有允许，不可上台，不可入内。上来进来亦不可昂首挺胸，必得低头、弯腰、下跪。

为此，必须把这座宫殿打造成天下的核心。必须把这座宫殿建成“座”拥天下的宫殿。这座宫殿的位置、基础、体量、外部内部空间、结构、材料、色彩等都必须是“座”拥天下的。

北极星高悬在它的上方。它在地上的位置如同北极星在天上的位置。它指向所有，所有指归于它。

它的面前是故宫建筑群内部最大的广场。任何建筑都不可挡住它通达万里的视线。超过 30 000 平方米的空旷的广场足以把任何人的视野引向无限。

它的基础必须是最雄厚最坚实的。为了它的坐落，26 000 平方米的“土”字形地基台基拔地而起。它坐落在“土”字的“十”字交会处，在世界上最大的“土”的中心。“土”字地基深入地下 8.5 米，高出地面 8.13 米。打桩、换土、投石、填砖、夯筑、加筏，16.63 米厚的坚实基础牢牢地镇住了 600 年间任何一次强烈的地震，泰然自若地守护着普天之下莫非王土的不可动摇的地位。

它的包裹、装饰是最鲜亮最壮丽的。环绕三台的一层层汉白玉须弥座，1 453 根雕龙雕凤的汉白玉望柱，1 142 个与云龙云凤浮雕望柱配套的汉白玉螭首，一块块汉白玉挡板护栏，一条条汉白玉台阶通道，曲折有序，逐层上升，环绕巨大的“土”字台基，铺排成林立浩瀚的白色三台。高台上下总计 56 000 平方米的巨大空间、重重叠叠的汉白玉三台、森林般的巨木，将深入大地的宫殿推向云天，将皇帝的宝座推向云天，将皇帝推向云天。

所有的东西都是独一无二的。甚至连色彩也唯我独有独尊。浩瀚的汉白玉闪烁着的白，满目的红色的墙、红色的柱子、红色的门窗闪烁着的红，无边的黄色的屋顶和千千万万条龙闪烁着的黄——大面积的、单纯的、强烈有力的白、红、黄，把本来很遥远的天空的蓝吸收过来融合进来。浩瀚的天空因此成为天子的宫殿的重要组成部分，天上的色彩因此而成为人间宫殿色彩的重要组成部分。白、红、黄、蓝，这些最基本也最亮丽最鲜艳的色彩,使得天子的宫殿无比的辉煌壮丽。

在汉白玉世界簇拥着的高台上，如从厚土中生长出来似的，72 根数人合抱粗的森林般的大木柱和更多的一根又一根数不清的木料撑起高达 26.92 米的殿宇，构成唯一的面阔十一间、进深五间，面积 2 377 平方米的最大木构单体建筑。

在如此高大空阔的殿宇中，只在正中设一高台，高台上只有一宝座，那就是凌驾一切之上的孤零零的皇帝的宝座。最大的广场上只有一座最大的房子，最大的房子里只有一座最高的台子，最高的台子上只有一个最高的座位，最高的座位上只有一个人坐着。

与孤独的宝座日夜做伴的是遍布殿宇内外无处不有的 13 433 条金色的龙。

这里是龙的世界。

“座”拥天下的宫殿，是坐拥天下的结果。宫城皇城的营建，驱使了“十万工匠，百万役夫”，死伤无数；耗费钱财，耗费举国上下各类资源，更是无可计量。只有皇帝有这样的权力。

中国的古建筑以木料为主。建造紫禁城一定要用名贵的木材。名贵的木材主要来自四川、云贵、湖广一带。太和殿用的是楠木。巨硕的楠木大多生长留存在山高水远的深山老林之中。崇山峻岭，虎豹蛇蝎，瘴气毒物，史载采伐人员“进山一千，出山五百”。至于将如此大如此多的木料经山中的河流和运河千里迢迢输送到北京，同样难以想象。仅此险恶艰难的准备木料一项，足足持续了十几年之久。

除木料外，紫禁城使用了大量的石料。中轴御道，重要宫殿的须弥座，汉白玉石栏杆，尤其是大小宫殿前后雕龙雕凤的丹陛石，虽说开采自不算远的京郊房山、门头沟，但开采和运输绝非易事。太和殿所在的三台的最后面，即从保和殿后面走下高台的台阶中间，斜铺一块紫禁城中最大的云龙大石雕。长 16.57 米、宽 3.07 米、厚 1.7 米，重量超过 200 吨。这么大这么重的庞然大物，怎么弄到紫禁城里?

太和殿。

明朝史料里有记载。开采用工：10 000 多民工，6 000 多士兵。运输：数万民工先修路，紧接着在道路两旁每隔一里掘水井一口。然后选择滴水成冰的冬日，从井里提水泼在路面上，直到泼出一条明亮光滑的冰道。20 000 多民工，1 000 多头骡子，整整拖拉了 28 天，才将这块巨石安放到位。大约过了 350 年，不知出于什么原因，乾隆皇帝下令将原初的海水江崖、卷草雕刻，以及飞腾于流云间的九条高浮雕巨龙，统统凿掉，凿去的厚度约 0.38 米，再按照乾隆帝的意旨和审美趣味，重新雕刻成现在的样子。到底是原来雕的好，还是后来雕的好，谁也说不清了。

无数的能工巧匠，无尽的劳役死伤，建造起来的皇帝的宫殿，实际用处并不是很多很大。这么重要的太和殿，也就是皇帝即位、皇帝

大婚、册立皇后、元旦、冬至、皇帝生日等庆典用用。一年中有数的几次而已。这已经足够了。因为真正的作用、最大的作用，在于它“座”拥天下的地位、标识、符号、象征性意义，在于以程序和仪式，强化声势、强化威严、强化集权的意义。白手起家的汉朝皇帝刘邦是讲究实用的，不大满意萧何大兴土木地建未央宫。萧何说：“天子以四海为家，非壮丽无以重威。”一说到树立和显示皇权之威，刘皇帝也就不说什么了。“壮丽”到底怎样“重威”，能起多大作用？好像用处真的不小，从苏辙求见一位大官的信中（《上枢密韩太尉书》）就可得到例证——“至京师，仰观天子宫阙之壮，与仓廪、府库、城池、苑囿之富且大也，而后知天下之巨丽。”还有一位叫江淹的在《诣建平王上书》中的感受更能说明问题：“日者，谬得升降承明之阙，出入金华之殿，何尝不局影凝严，侧身扃禁者乎？”

坐拥天下对大多数皇帝而言，是坐享天下。江山是别个打出来的，基础是别个奠定的，天下是不少人支撑着的，就像太和殿矗立在雄厚的基础上，靠粗壮的柱子支撑着一样。皇帝是坐着的，并不支撑；但只要坐在那个位子上，他就以为是他支撑着，他以外的任何人都变得无足轻重。

但那个开阔的广场是重要的，林立的汉白玉栏杆栏板是重要的，云龙大石雕是重要的，太和殿是重要的，太和殿殿顶上的“大吻”是重要的，檐角的十个脊兽是重要的，黄、红、白、蓝的颜色是重要的，以太和殿、太和殿里的宝座为标志的那个位置更是重要的、真实的。由于是一处坐拥天下的位子，争天下抢天下就是争抢这个位子。争到这个位子，就是争到了天下。任何一个人只要能坐到这个位子上就可以坐拥天下，就觉得自己真的拥有天下了，也可以坐享天下了。如此演化的结果是坐并不重要，谁坐也不重要。谁坐在那里都可以坐拥天下，坐享天下。清朝主宰紫禁城的十个皇帝中，不就有五位不足十岁的皇帝坐在那里了吗？不到十岁的皇帝能做什么？皇帝不也成了符号

保和殿后面的云龙大石雕。

太和殿 2 300 平方米的内部空间中，只有一座高台和一个座位。

与象征？成了程序与仪式？

说到底，紫禁城不是为皇帝建造的，太和殿也不是为皇帝建造的，是为了可以“座”拥天下的那个位子建造的。所有的建筑都是为了凸现那个位子。只有这个位子定了，其余才可才好安排、布局、落实。

以太和殿为核心，前面的太和殿广场，太和门广场，是太和殿宽阔的胸怀；左前方有体仁阁，有文华殿建筑群，右前方有弘义阁，有武英殿建筑群，左文右武，是太和殿伸出的怀抱天下的手臂；左顾是太和殿的主人们颐养天年的地方，如皇极殿、宁寿宫、养性殿、乐寿堂、颐和轩等，右盼是皇太后、太妃嫔们休憩礼佛诵经的地方，如慈宁宫、慈宁宫花园、寿安宫、英华殿等；正后方是帝后的寝宫，左右各有六宫的粉黛，再后面有他们专享的花园，有太和殿的子孙们读书的地方。太和殿需要时时左顾右盼，并时时回首眷念。眷恋着它的祖宗和子孙，顾念着它的过去和未来——这样，以太和殿为核心的整座紫禁城就既直上云霄，又四面铺排了；既家国，又天下了。

太和殿东侧面、后立面。

顺着太和殿的方向，延伸到紫禁城南，左有祭祖的太庙殿，右有祭天下的社稷坛；再往前，左有祈祷风雨的天地坛，右有扶犁耕种的先农坛……紫禁城北呢，则是可以将紫禁城尽收眼底的万岁山；再往北，还有晨钟暮鼓、声闻四达的钟鼓楼高高耸立。前后呼应，左右对称；远近、大小、高矮、轻重、缓急……统统在太和殿的统领下，一一排定了。

没有这条中轴线，这座城市就失去了纲领，所有的建筑都会变得散漫无当；没有中轴线上的紫禁城、太和殿，中轴线就失去了灵魂，所有的建筑不管铺排得多么有序，多么流畅，都不会出现震撼人心的高潮。是理念意志，还是艺术审美？不管是什么——大山有主峰有余脉，大河有主流有支流，大树有主干有枝条——这样的核心与群落，这样的规划与布局，真的可以说是“天人感应”“天人合一”了。

龙世界

真不知道龙的形象、动态、图案，好在哪里，美在何处。但是，只要和君命天授、君权神授捆绑在一起，只一句“真龙天子”，龙就成了皇帝们的专有专用，不管吹胡瞪眼、张牙舞爪到多么难看多么让人恐惧的程度。而且，越到帝制的后期，越到明清时期，张牙舞爪得越夸张、越恐怖。越恐怖，皇帝们越受用。

紫禁城就是龙的天地。太和殿完全是龙的世界。太和殿是中国现存古建筑中规模最大形制最高的殿宇，也是聚集了最多的龙的地方。从下到上，从外到里，铺天盖地。

在巨石铺排的御道与宫殿须弥座的起降承接之处，在两边台阶的中间，一律斜铺高浮雕龙纹巨石。太和殿的最宽最长。当从太和门后边伸出来的御道穿过宽广开阔的太和殿广场，伸到太和殿台基前时，迎面而来的是又宽又长的大石雕——江涯海水，流云腾龙，直上太和殿，直冲云霄。

太和殿、中和殿、保和殿在高高的台基上依次排列。三大殿坐落在宽广的“土”字形台基上。台基高8米多，上下三层，俗称三台。拾级而上，千

三大殿三台拐角处的螭首构件。

余云龙云凤汉白玉石雕栏杆望柱、千余汉白玉石雕螭首，层层环绕。龙凤望柱向天林立，螭首横出凌空。螭首又是龙头形排水口，口内凿有圆孔，若遇暴雨骤降，刹那间千龙吐水，景象壮观。

太和殿顶正脊两端位置最高的两个大吻，表面饰以龙纹，又称龙吻。殿顶四角的走兽，领头的是龙。黄琉璃瓦顶重檐数不清的瓦当滴水，每一块浮饰一条龙。檐下大面积彩绘，通体和玺金龙。门窗上下，浮雕金龙。

太和殿内，龙井天花板，每一方框内一条金龙。正中如伞如盖的蟠龙藻井，向上隆起，上圆下方，深 1.8 米，口径 6 米，金色巨龙盘卧，口衔宝珠，龙首下探。地面正中偏后，设置须弥座木质高台，高台上设置镂空金漆龙椅，即皇帝的“宝座”。宝座后为雕龙金漆屏风。宝座前设宝象、角端、仙鹤、香筒，高台到地面的台阶间设香炉。1915 年袁世凯称帝，把“宝座”换为高背靠椅，原座不知去向。1959 年，故宫博物院专家朱家溍考证寻查，在一处库房中找到已残损的原物，修复后复归原位。须弥座宝座两侧矗立 6 根粗壮圆柱，遍体贴金，再用沥粉贴金工艺在每根金柱上各绘一条盘旋巨龙，在海水江涯云纹的烘托下，张牙舞爪，岂止气吞江山！殿内两侧，各陈设一对高大龙柜，上下组合，柜门对开，浮雕云龙。据记载，明朝时为 4 对 8 组，由于屡遭火灾，不复存在，现在看到的是乾隆时遗物。

太和殿前，开阔的平台上，陈设日晷、嘉量，意在掌控时日；陈设铜龟、铜鹤，意在永固江山。平台与下沉式广场之间的三台云龙云凤石雕望柱栏板间，分层陈设 18 个铜鼎。每当皇帝驾临太和殿，大殿内的宝象、角端、仙鹤、香筒、香炉内，一起点燃檀香；大殿外的铜鹤、铜龟、铜鼎内一起点燃檀香与松柏枝。里里外外，上上下下，香雾飘忽缭绕；石雕木雕，彩绘贴金，上万条各式各样的虚拟之龙时隐时现。集中各种力量，用尽各样手段，制造神秘，制造威严，为的是烘托出一个活生生的、穿着龙袍的“真龙天子”的神秘威严，为的是让天下臣民真以为这就是凌驾一切之上的唯一的“真龙天子”。这个“真龙天子”，也以为自己真是“真龙天子”，一定要继续做好以前的“真龙天子”们做的事情，一定要更加随心所欲、无所不能地造出和留下更多非常理非理性的事迹来。

彩绘一新的太和殿北门。

跪拜之地

太和殿是皇帝为举行皇帝的仪式建造的。太和殿是仪式之殿。

皇帝仪式的核心是让所有人向皇帝跪拜。太和殿是跪拜之地。

在太和殿举行的最隆重的仪式，是皇帝的登基仪式。大多数情况下，新的皇帝是在办完前一位皇帝的丧礼之后，举行正式的登基仪式。每个朝代的登基仪式基本上是统一规范的。天亮之前，负责仪式的官员已经在殿内殿外，备置好所有器具，如安放皇帝御玺的宝案、发布诏书的诏案、样式繁多的卤簿仪仗等。时辰一到，皇室王公、文武百官、外来使臣，在礼部官员引导下各就各位，等待皇帝即位。首先礼部主管官员到乾清门报告大典时辰到，奏请皇帝出内朝，往外朝。这时午门钟鼓齐鸣。皇帝先到太和殿后边的中和殿坐定，掌管仪式的主要官员和侍卫跪拜后，分头到各自岗位执事。接着，礼部尚书跪拜，奏请新皇帝驾临太和殿。

王公百官，殿内殿外，台上台下，跪拜者众，排列路线长，那时又没有现在的扩音器，如何使这么多人的三跪九叩整齐划一？司仪再声嘶力竭，远处的也听不清楚，况且也不好听。于是，有了专司鸣鞭的鸣鞭官。长

太和殿内皇帝登基的座位。乾隆帝题匾“建极绥猷”，意为帝王秉承天的旨意，按公允的准则治理国家，安抚四方。

建極綏猷
天心佑夫一德永言保之

鞭用黄丝编织，鞭梢涂蜡，摔在石地或砖地上格外响亮。仪式即将开始，鸣鞭官挥摔长鞭，三声响亮清脆的鞭声在太阳刚刚照亮的太和殿广场上回荡。第一次鸣鞭是警告臣下，皇帝要出场了，皇帝正在走向宝座。鞭声响起，所有人立刻屏息静气，太和殿广场寂静无比，所以也叫净鞭、静鞭。皇帝登上高台，在宝座上坐定，鸣鞭官再挥长鞭，鞭声再次响彻广场，所有人在鞭声的指挥下，静悄悄齐刷刷地三跪九叩。想来场面奇特而壮观。三跪九叩结束，太和殿内，在皇帝的注视下，专责大臣捧起皇帝的御玺，饱蘸红色印泥，极其庄重地盖印于即位诏书上。礼仪官将盖好大印的即位诏书呈放在龙亭里，护送到天安门，金凤衔诏，颁布全国。仪式结束，鞭声第三次响起，皇帝起驾还宫，众臣退场。

其他如元旦、冬至、皇帝生日等盛大庆典，凡皇帝驾临太和殿，仪式程序大体如此。一样的鸣鞭，一样的三跪九叩。比起这些仅仅是仪式性的大典，殿试后由皇帝亲自主持，在太和殿宣布殿试结果，被称作“传胪”的仪式，倒是多了些实在的内容。所谓的金榜题名，对天下学子确有极大的刺激诱惑作用，不过，跪拜的次数也更多了。传胪在殿试后第三天隆重举行。卤簿仪仗一应俱全，王公百官全部参加。早早恭候在午门外的殿试后的进士们，由礼仪官引入，列队于太和殿广场。待皇帝就位太和殿，鸣鞭三响，乐声大作。先是阅卷官向皇帝行三跪九叩礼，接着进士们向皇帝跪拜；接着唱读新科状元的名字，状元跪拜；唱读榜眼的名字，榜眼跪拜；唱读探花的名字，探花跪拜；接着唱读其余进士们的名字，唱读毕，所有新科进士向皇帝三跪九叩。接着，鸣鞭三响，皇帝回宫，进士们出宫，仪式结束。对于这些经过层层考试选拔出来的天下学子中的“精英”，四书五经的内容规范，起承转合的方法束缚，一而再，再而三的应试训练，早将他们导入毫无生气更无任何创造性的僵死模式中。走进皇宫参加殿试的荣耀，皇帝主持太和殿传胪的功名诱导，加上一次次三跪九叩的行体调教，估

太和殿。

计终其一生，都会清楚地记得自己的名字怎样被皇帝的传胪官唱读着飘荡在太和殿的上空。

看看太和殿的仪式，印象最深的是鸣鞭，是三跪九叩。太和殿前的鸣鞭，让我想到自小的见识。小时候极羡慕牧民手中的鞭子。那长长的鞭子，居然对羊群、对牛马有着神奇的管束力。牧民用鞭子牧的是羊，是牛，是马；皇帝的鸣鞭牧的是官，是民，是天下学子，是所有的人。几千年来这样的很有效的牧术、治术，源头就在“太和殿”。

几度兴废太和殿

太和殿的设计建造、基础、结构、造型、装饰、空间、角度、色彩……无论从哪方面看，尤其是与蓝天白云的关系，其视觉效果，确实完美地实现了造一座人间天上的“天子的宫殿”的目标，确实也足以如此这般地激励和抚慰它的使用者，诱导和威慑它的跪拜者。

可是，真实的情况，却是皇帝们把自己装扮成“天子”，把自己显示和行使绝对权力的地方装点成“天上的宫殿”，除了强化尊严和权威，皇帝们的内心深处还隐藏着一个求得上天保佑眷顾的希望，不过，这希望，仅仅是形式上的安慰而已。真有实实在在的“眷顾”，倒是皇帝们最害怕的火灾，特别是来自上天的雷击之灾。上天对于皇帝的宫殿，对于太和殿，真正发挥的作用，不是保佑，而是毁灭。

据不完全统计，明清两代500多年间，紫禁城总计发生火灾61次，其中明确记载由雷击引发的火灾24次。依次排列在中轴线上的重要建筑，太和殿、中和殿、保和殿、太和门、午门等，反倒最容易遭受雷击。太和殿最高大、最雄伟、最突出，拥有最空旷的空间，被雷击的次数最多。

最早的一次，也是来得最快的一次。永乐十八年九月，“北京宫殿将成”，朱棣皇帝迫不及待从南京迁都北京。永乐十九年（1421）正月初一，北京宫殿正式启用。崭新的紫禁城、奉天殿一派辉煌。还不到100天，朱棣登临奉天殿的兴奋期还没有过去，奉天殿即遭雷击，三大殿全被烧毁。实在是来得太快了。《明史》记载简到不能再简：“夏

太和殿大修时，拆下来的“大吻”还没有安装到位。

四月庚子（初八），奉天、华盖、谨身三殿灾。”倒是大概来祝贺迁都还未离开的外国使节记得具体。据一位目击这场火灾的波斯贡使的描述，当时火焰照耀，看起来直如“十万火把”。这份记录，也收入哈菲兹·阿不鲁的编年史《历史精华》中，他记道：这场火灾，迅速地延烧至妃嫔的住宅与朝中的衙门以及宝库，总计烧毁了“250 间房子”，并烧死了“很多男人跟女人”。大火无法控制，终夜肆虐，直至第二天下午才扑灭。《日下旧闻考》记：“三殿灾，火势猛烈。奉天门东庑切近秘阁，学士杨荣麾武士三百人，将御书图籍舁至东华门河次。”

朱棣从侄子手里夺得皇位之后，最重大的一件事就是肇建北京紫禁城，迁都北京。朱棣无论如何想不到，也想不通，他的宫殿为什么这么快就化为灰烬？如果他真的相信君命天授，这来自上天的惩罚会使他更加惶恐不安。确实如此。震惊之下，他下了一道诏旨反省自己：

雨后的太和殿西北侧。在明朱棣帝之后及清康熙帝时期，先后两个长达 20 年的太和殿烧焦的废墟期，不知这里是什么样子。

朕心惶惧，莫知所措——我是不是敬天事神有所殆欤？政务有乖欤？善恶不分欤？曲直不辨欤？忠言不入欤？国用无度欤？民生不遂欤？民力凋敝欤？他号召文武群臣大胆地提出意见，若真有不当，一定改过，以回天意。他还下旨免除了几年前未收上来的赋税和上一年受灾田粮；自己的生日不搞庆典活动。生日那天，朱棣对群臣说："上天垂戒，奉天等三殿灾，朕心勤惕，寝食不宁，方反躬省愆，遑遑夙夜。"他好像是真心实意地征求群臣意见，可是，当有人再度提出不该迁都时，朱棣震怒，将主事萧仪下狱，使之冻饿而死。

如此行径，表现出来的正是朱棣被天火烧出的最大痛点和极度空虚。他一任三大殿烧焦的废墟裸露在他的紫禁城里。在此后的三年里，朱棣三次出征漠北，似乎在一次又一次地证明他迁都的必要与正确。但收效甚微。最后一次，朱棣死在回京途中；或许他不愿意再回到已是废墟的宫殿里。朱棣死了，奉天殿继续废墟着。20 年后，中间隔了两个皇帝，到正统五年（1440），三大殿才得以重建。

紫禁城、太和殿烧得最惨的一次，是嘉靖三十六年（1557）夏四月的雷击。据《明世宗实录》记载：雷雨大作，火光骤起，三大殿至文武楼（体仁阁、弘义阁）、奉天门、左顺门、右顺门、午门、午门外左右廊尽毁。也就是说，紫禁城前朝部分几乎全部烧毁。仅清理现场，就调动了 30 000 名士兵，5 000 辆小车。木料烧光了，石料一尺以上及尚可用之砖瓦堆留备用，汉白玉石烧成石灰者，亦堆留备用。嘉靖四十一年（1562）年，重建主要工程完成。三大殿更名为皇极殿、中极殿、建极殿。

除天灾外，还有人祸。李自成撤出紫禁城时，就放火烧了皇极殿。清顺治皇帝进入紫禁城，只好在皇极门（太和门）颁诏天下，改朝换代。顺治二年（1645），重修皇极殿，第二年建成，改名太和殿。康熙八年，太和殿重修，当年完工。康熙十八年（1679）十二月，六名太监在西膳房做饭时引发火灾，两小时后烧着了太和殿。康熙皇帝重修太和殿刚刚过去10年，虽然比朱棣皇帝的100天长了许久，但对康熙的打击同样很大。时遇地震大赦天下，康熙说：烧毁宫殿之罪不赦。六名太监被绞死。16年后，方重建。康熙三十六年（1697）建成。几乎与朱棣时的太和殿废墟一模一样，紫禁城又一次在将近20年的时间里，其核心中心之处，一直是废墟一片。

与朱棣皇帝的废墟期相同的是，康熙皇帝也没有立即收拾废墟，也让他的太和殿废墟长久地裸露在他的眼皮子底下。能这样一天天地看下去的人意志非凡。康熙皇帝看着太和殿的废墟，东南西北地忙着收拾他的国家：平三藩；统一台湾；指挥中俄战事，解决边界问题；三次亲征漠北，治理北疆。与朱棣不同的是，康熙的收获让他自己很满意。到康熙有心境收拾他的宫殿里的一片废墟的时候，他便格外地用心了，尤其是对防火大事。

太和殿大屋顶上大屋脊两头，安装着两个昂首向天的“大吻”。这两个大吻的地位太重要了。它们处于天下最核心最重要的建筑的制高点。处于至尊至荣的天子的宫殿的最高处。它们绝非一般的建筑构件。关于大吻的说法不止一种。有说由鸱尾演变而来，言海中有鱼，虬尾似鸱，激浪即降雨。有说为“龙生九子”之一，好登高瞭望，能降雨防火。据说与其他走兽一起立在檐角的龙首也是九子中的一个。在康熙皇帝心里，实实在在是祈望能降雨防火的。他知道，这金銮宝殿明代就被烧毁过多次，到他手里又一次被烧毁了。为此，他也像朱

被大火烧怕了的皇帝们，做梦也想不到在他们的帝制结束之后，现代的消防技术能够达到如此高度。

栋一样，很自责了一番；为重修，着实费了他太多的物力财力心力和时日。他被火烧怕了。据说大吻构件烧制好后，康熙皇帝特派重臣到窑厂恭迎，礼仪如迎接皇帝一般，如迎接他自己一般。

类似的说法还有。如后三宫的后面有天一门，有供奉玄帝的钦安殿，说是天一生水，玄帝救火。宫殿正脊中间龙口处置宝匣，说是与大吻一样可以镇火。用这样的方式和想象防火，适得其反。由于大吻拉有金属链，宝匣中有五金，意在护佑，实为招引雷击。真能起点小作用的是金水河的河水。还有遍布宫中的百余口水井，300 余口铜铁水缸。每口水缸口径 1.6 米，高 1.2 米，重 3 392 公斤，可容水 2 000 升。严冬缸底置放炭火融冰。可是，对于庞大的木头构建起来的宫殿建筑群，不过是杯水车薪。另外，接受历次火灾教训，重修时扩大

也许只有这些隐藏在太和殿须弥座深处的大石块，留得住几度废墟的记忆。↑

在太和殿顶看“大吻”。由 13 块琉璃构件组成，重达 4 吨的庞然大物的实际高度，从我站立之处算起超过 4 米了。←

建筑间距离，特建防火墙，防火门，倒也起到一定作用，但不解决根本问题。

只有树立现代防火意识，运用现代防火技术，紫禁城才可确保万无一失。现在，紫禁城里的每一处建筑，都安装有接地的避雷针、避雷带；有全天候全覆盖的安全监视监控；有所有观众进入紫禁城时的防火检查；有经常性的消防教育与消防演习。特别是消防演习时，看到一排排消防车喷洒的水柱，越过高高的太和殿屋脊，康熙的太和殿大吻立刻被水雾迷蒙，便顿时放下心来。

太和殿大修

清朝入关，取代明朝统治中国，一改历史上改朝换代之际，后朝对前朝的宫殿采取焚烧、拆毁、废弃的一贯做法，对明朝已经使用了 225 年的紫禁城，拿来就用。当然，有些是必须改的，如名称，大明门必须改叫大清门。有些可改可不改，也改了，如三大殿改名为太和殿、中和殿、保和殿。还有些是必须修缮的，李自成离开时放了一把火，烧坏的烧毁的必须修，必须建。再有是根据需要及皇帝个人的爱好，不断增加新的建筑。乾隆皇帝最喜欢增补，添建得最多。至于数百年来自然的损害，更是得年年月月地维修，过去宫里叫作“岁修”。不光是清代，明朝的几百年里，也在不断地修缮、增补，也得精心保护。紫禁城自从建起来之后，就是一个不断修缮、不断保护的过程，一直到现在，肯定还会延续到未来。

太和殿的修缮最频繁，最艰难。烧毁了就得重建，坏损了就得修补。太和殿的石料、木料特殊，光备料少说也得三年五载。明朝的几次重建和常态的维修，留下的记载太少。清朝入住紫禁城的第一位皇帝顺治帝，首要的大事就是修复李自成烧过的太和殿。第二位康熙皇帝在位时间长，修太和殿的任务就格外重。也许因为刚刚入住紫禁城的清顺治皇帝修复太和殿太过匆忙，仅仅过了 20 多年，康熙皇帝就得再修一次。10 年之后——这次时间更短——太和殿被烧毁，康熙还得重建。尽管拖了将近 20 年，也必须得重建。

康熙三十四年（1695），康熙皇帝重建太和殿。

大修中的太和殿殿顶。

但是这次重建却遇到了最大的难题。太和殿上一次重建是在明朝天启年间，距此时已经过去 69 年，人们不知道太和殿确切的建筑比例与数据。爱读书的康熙皇帝亲自查寻资料，结果非常失望。一位叫梁九的人使这件事情有了重大转机。年逾古稀的梁九，从明朝崇祯年间进入工部，已经在工部干了 40 多年。根据《梁九传》，梁九按照十比一的比例，用木料做了一个太和殿的模型，就靠对这模型组件的放大制作，完成了太和殿的结构搭建。令人称奇的是，放大出来的每一个木件，安装上去分毫不差。而且，这次重建太和殿的所有材料以及尺寸被详细记载在《太和殿纪事》这本书当中，这是关于太和殿修建的唯一详细记录。

康熙三十六年，崭新的太和殿矗立在原来的位置上。

康熙皇帝对太和殿的这次重建，改变了它原有的九开间形制，变成了十一开间。乾隆三十年（1765）有过一次大修，但没有改变康熙重建时的规制。一直到现在，我们看到的太和殿，还是康熙重建过的样子。此次重建，除了将九开间改为十一开间，另有两大变化。一是强化防火功能。康熙十八年火灾，御膳房的大火很快延及西配殿西斜廊，一直烧到太和殿，康熙帝眼睁睁看着把太和殿烧光而没有办法。这次重建，吸取眼见的教训，康熙帝下令取消西斜廊、东斜廊，改为西防火墙、东防火墙。无疑这是一项有效保护太和殿的重大举措。二是因大木不足，只好大幅度缩小建筑面积。据记载，初建的奉天殿面宽 95.34 米，进深 47.67 米，面积 4 500 多平方米，几乎是康熙帝重建的两个太和殿的面积。在太和殿历次重建重修中，不用说配齐与初建一样大的巨型楠木，就是以其他一样大的木材代替，也越来越困难了。这应该是太和殿体量缩减的重要原因。300 年后的 21 世纪初，太和殿落架大修时，人们发现康熙皇帝重建太和殿，使用的不少木料不是整木，而是拼接组合起来的，包括大体量的梁柱。

在最近十几年来故宫大修期间，不管于公于私，不论熟人生人，见面后的第一个话题，几乎都是：故宫修好了没有？修得怎么样了？什么时候才能修完啊？从 21 世纪初开始，一直到紫禁城落成 600 年的 2020 年，故宫大修工程历时 20 年，大修经费为 20 亿人民币。数百年来规模最大最全面的紫禁城维修举国关注，举世瞩目，可记可说的事太多。2008 年北京奥运会前夕，作为故宫大修中的核心工程，太和殿大修顺利完工。10 多年过去了，彩绘一新的太和殿慢慢褪色，大修中的两件事，仍记忆犹新。

一是起诉风波。故宫太和殿正修得紧要，忽一日，接到法院传票，言有参观者（后知该参观者即是位年轻律师）起诉，律师代理，状告故宫修太和殿没有公告观众，买了门票进去看不清最重要的“金銮宝殿”（因施工，太和殿四周有围挡），要求赔偿损失。公民有此等维权意识自是可喜之事，其实故宫大修是报纸上有公告、售票处有明示的（在那么宏伟开阔的午门前做出非常醒目的公示是一件不容易做到的事情）。媒体关注此事，我对记者们说，紫禁城自落成后，大修小修就没断过，至于像眼下这么大规模修太和殿，了解明清历史的人们都知道，几百年不遇，有多少人能赶得上呢？能亲眼看看真的是有缘分了。见记者们笑了，我又补一句：“是不是需要另收费啊？”

二是到故宫博物院看超级装置艺术。故宫大修开展顺利。积累了好几年的经验后，修缮力量、修缮工程集中到中轴一线的重要建筑上。故宫中轴是观众聚集的热线，但一年 365 天，连一天的正常开放也没影响过。故宫博物院向观众承诺，故宫大修还要继续下去，再修多少年也不会影响哪怕一天半天的开放。故宫博物院想得更周到更深远的是，一定要让成百万、上千万的观众，见证百年不遇、数百年不遇的故宫大修。不仅如此，还要让观众面对大修现场，身临其境，既直观又深入地学习中国古代建筑文化、建筑科学、建筑工艺、建筑艺术

太和殿前的平台，成为大修时的料场。拆下来的构件，一一编号，只要尚可使用，修复后复归原位。

大修中的太和殿，让所有观众看到了特殊的景观。

和文物保护的知识。

就拿太和殿来说，就有很多知识可供游客学习，诸如太和殿为什么要大修，用什么方法大修；太和殿建造修缮的历史；太和殿的使用；太和殿的结构体量；太和殿的重檐、斗拱、和玺彩画是什么样子的；太和殿脊兽的形制、样式、名称；还有皇帝的宝座、殿内的其他陈设；等等。

为此，故宫博物院组织专家学者，策划方案，编写内容，精心设计，像对待一次重要大型展览一样，把修缮太和殿的工地围挡，做成全面展示太和殿相关知识的图文并茂的展板。大修工地立刻变成了巨型露天展场。看看矗立在宽阔广场上正在修缮的太和殿吧：最外边的一圈展板比足球场上的广告牌还要气派，还要漂亮，还要引人注目；展板后是重重叠叠、层层向上的汉白玉栏板栏杆；再往上大殿前的平台是摆放整齐的料场；正中便是高高在上的被绿色的施工网笼罩着的庞然大物太和殿。不管什么时候看过去，阴晴雨雪，朝晖夕映，总显出隐隐约约的大气大象。不论什么时候走过，总见不少观者在展板前比照着太和殿指指点点地浏览着。

有艺术家、设计师相互告曰：到故宫去，看世界上最有历史感的超级装置艺术。

故宫大修，不仅为国人关注，也吸引了世界的目光。

2007 年 5 月底，故宫博物院承办了由中国国家文物局、联合国教科文组织世界遗产中心、国际文化财产保护与修复研究中心、国际古迹遗址理事会联合主办的“东亚地区文物建筑保护理念与实践国际研讨会”。这一大型国际会议，很有些现场会议的特色。来自日本、韩国、泰国、伊朗、法国、德国、意大利、芬兰、英国、美国、加拿大、澳大利亚、中国等 20 个国家及国际组织的 60 余名专业人员出席研讨。所有与会人员头戴安全帽，极为仔细地现场考察了大修中的

太和殿工地。

会议之前，世界遗产委员会据有关报告质疑北京故宫、颐和园、天坛等世界遗产地正在进行的维修工程是否过于仓促，是否缺少足够依据，是否有清晰的指导原则。经过实地考察和讨论，形成《北京文件——关于东亚地区文物建筑保护与修复》及附件《关于北京世界遗产地保护与修复的评价与建议》。会议以文件形式肯定了上述遗产地修复的工作方法及其效果。经过充分讨论产生的文件被评价为“将成为今后中国、日本、韩国等东亚国家木结构文物建筑保护维修的纲领和实施准则，并在世界范围内有参考价值”。

太和殿殿顶的修缮即将完工。看得出来，难以计数的琉璃构件只要能用，则复归原位。如琉璃瓦，脱釉不严重的，继续使用；脱釉严重的，则复釉回炉后再用。

大修太和殿时架设的运输材料的空中走廊，不影响观众在下面来来往往。

故宫大修直接引发了世界文化遗产保护领域及保护历史上一次重要会议——“北京东亚会议”的召开，也正因为这个会议，从世界范围的角度证明了故宫大修的公众瞩目度，证明了故宫大修的世界性。所以说，故宫大修不是一个简单的维修工程，也不是一个简单的、投资了几十个亿的大工程，这里面凝聚了非常丰富的过去、现在和未来的历史文化的信息。这次大修终将变成历史被记载下来，事实上它已经成为重大历史事件。

我个人认为，之前产生疑问可能与信息不对接甚至错位有关，更与世界多样性文化有关，而之后消除疑问并形成共识是充分交流相互了解的结果。互相交流就是互相尊重。尊重他人的历史、他人的文化、他人的创造，也尊重自己的历史、自己的文化、自己的创造。各自对世界对人类的贡献在于根据各自的实际做出创造性的努力。由故宫的大修实践引发的这次国际会议及其成果就是最好的证明。

从《北京文件》及其附件《评价与建议》里面可以看出，东亚会议的召开、故宫太和殿大修的考察，实际上就起到了把以上问题看明白说清楚

太和殿殿脊正中空心琉璃砖内康熙时的龙纹镏金铜匣。装入新书写的《太和殿修缮记》后，连同五药、五谷、五色线、金元宝等原物，复归原处。

的作用。我认为至少表现在这么几个方面：一是就故宫大修工程而言，以保护人类的文化遗产为基础、为目标，大家是一致的。故宫的大修，在专家们考察之后，看到的是和多少年来形成的世界文化遗产的保护准则或者叫原则相一致。而且，又根据自己的特色，对世界文化遗产的保护做出了或者提供了一些新的东西，就是有特色的东西，符合中国，甚至东方古代以木建筑、木结构为主的所有历史建筑保护的特性，为世界遗产的保护提供了一些新的视角和经验，受到世界文化遗产组织和专家们的高度认可。这也说明，只要我们有自己的作为，就会有自己的地位。简而言之，就是西方有西方的特色，东方有东方的特色。二是以故宫为代表的修缮，对世界文化遗产特别是古代历史建筑的科学保护观的形成、科学保护实践经验的积累，提供了自己独特的东西，或者说做出了自己应有的贡献，丰富了科学保护观。三是大家公认的国际准则，确实是具有指导性的，就好像一些科学原理一样。但是，原理原则不能理解为教条，更不能当教条来执行，要根据保护对象的实际情况采取符合其特点与需求的保护方法。四是世界上的任何一个区域和任何一个国家都应该根据各自真实的历史建筑的现实状况去创造最适合自己的保护方法。我觉得这些都在科学保护的范畴之内，因为它体现着、贯穿着一个核心观念，也就是大家公认的保护准则——真实地保护被保护者的真实。

皇帝屋脊上的中国民工

大修太和殿的高潮是“合龙”仪式。

那一天艳阳高照。脚手架的平台与太和殿的重檐齐平。大家异常兴奋地聚集在平常可望而不可即，现在伸手可触的第二层屋檐前。眼前就是现存中国古代最大的屋顶，最高的屋檐、屋脊。不站在这个地方，不站在这么一个高度，不站在这么近的距离，怎么也想象不出黄灿灿的琉璃瓦竟可以铺排出如此广阔的大场面。

仪式开始了，头戴安全帽的郑欣淼院长庄重地宣读书写在宣纸册页上的《太和殿修缮记》后，连同五药、五谷、五色线、金元宝等康熙时的原物，一起装入龙纹镏金铜匣里，由工匠抱着，沿着屋顶正中待合龙的瓦垄间爬到高高的屋脊上，放进高高的屋脊正中的那块空心琉璃砖内，再用琉璃瓦严盖密封。

那个金灿灿的龙纹镏金铜匣，以及放在里面的“镇殿之宝”，至少是康熙重建太和殿时的原物。那时候，一定也是在这样的合龙仪式上，以这样的方式抱上去放进去的。不过，现在，那个金灿灿的匣子里多了一份300年后的、21世纪之初的修缮记文本。

我也跟着怀抱金灿灿的龙纹匣的工匠爬上去了。我看着那个脸蛋红扑扑的壮实的小伙子，从容不迫地把镏金铜匣子放进屋脊正中的空心琉璃砖里，又仔细地把绛色的石灰泥巴均匀地抹在四周，再将黄色的琉璃瓦端端正正地压在上面，然后把砖瓦间的缝隙涂抹得严实又光滑。我很羡慕他。我真想和他一起完成这道工序。

一位来自河北省平山县的农民工小伙子，把装入21世纪《太和殿修缮记》的300年前康熙时的龙纹镏金铜匣子，放进太和殿屋脊正中的空心琉璃砖内。

我们手扶着紫禁城中最高的屋脊聊了起来。正北，景山上的万春亭近在眼前。南望，午门，端门，天安门，方方正正的国家博物馆、人民大会堂以及圆圆的亮晶晶的国家大剧院尽在眼底。可是那时候，我只觉得我们的上下四周一派空明。我问他是哪里人，他说他是从河北平山县来的农民工。我立刻想到，他极有可能正是300多年前——康熙三十六年太和殿重新建成时，在同样的地方做好了同样的活儿的那个人的后代，可能是建造和不断修缮紫禁城的无数死伤者、劳役者的后代，也有可能是不堪忍受多年的繁重劳役的逃亡者的后代。

此时此刻，站在最高的太和殿的最高处，站在多少个皇帝的宫殿

太和殿檐角的仙人脊兽。其他宫殿的脊兽为1至9个，唯独太和殿为10个，加上前面的“仙人骑鸡”和断后的龙首，共12个，唯一的最高等级。

的屋脊上，站在这个小伙子身边，在我的想象中，所有的人，甚至全世界的人都在凝神静气地看着这个站立于皇帝的屋脊上的从容不迫的小伙子，看着这个来自中国农村的朴实憨厚的农民工。我忽然觉得他变得特别高大。真正建造起皇帝的宫殿的是他们。皇帝的意志和想象是靠他们的劳苦和牺牲实现的。让皇帝的宫殿保留到今天的也是他们。皇帝早已不存在了，他们还在。我一定得站在他的身后，和他拍张照片留作纪念。

从“华盖”到“中和”

在汉白玉簇拥的高高的三台上，矗立着三座雄伟华丽的宫殿：最前面的是主殿太和殿，太和殿后面是中和殿，中和殿后面是保和殿。三大殿三位一体，共同构成高台上的一个整体：紫禁城的“金銮宝殿”。

比较起来，夹在太和殿与保和殿之间的中和殿体量最小——太和殿建筑面积 2 377 平方米，保和殿 1 240 平方米，中和殿只有 580 平方米。但由于处在中间的位置，更由于形状特殊，从稍远点的地方看过去，反倒是中和殿更加引人注目。

太和殿面阔十一间、进深五间，保和殿面阔九间、进深五间，平面都是长方形的。而中和殿的平面却是正方形的，面阔、进深各三间。平面呈长方形的房子常见，正方形的少见。中和殿，一座特殊的正方形宫殿，端端正正地坐在长方形宫殿之间。

太和殿、保和殿的黄琉璃瓦大屋顶，从最高处的正脊向前后两侧舒展下来，而中和殿却是黄琉璃瓦四角攒尖式屋顶。四道脊，四面扇形屋顶，从四面八方一起向上，集聚于屋顶中心最高处的宝顶。浑圆的铜镏金宝顶，在阳光下熠熠放光。

与常见的三面封闭的房子不一样，也与基本上三面封闭的太和殿、保和殿不大一样，中和殿四个相同的立面一律安装通透的隔扇，外有廊柱环列。远远望去，像一座华美的亭子，像一辆帝王车驾的伞形华盖——中和殿最初的名称就叫华盖殿。

太和殿内皇帝“宝座”的上方，有一个很大的藻井，布满龙形图案，

中和殿及其北面的保和殿。

正中间巨龙蟠卧，龙首下探，龙口里衔一颗硕大浑圆的宝珠，名为“轩辕镜”。宝珠金光闪烁，正对宝座。这样一种特殊的“装置艺术”，除了寄托防火和护佑“龙位”的愿望，还有一层通天的寓意。藻井位于殿顶正中，抬头向上望，至大至深的龙藻井，便是天子的宫殿和天子通达上天的通道。太和殿里的宝珠，到了中和殿，便穿过殿顶直上穹苍，直接与上天衔接了。由此，位居中间的中和殿，在建筑空间的组合上成为三大殿的中心。

每当举行朝贺庆典，皇帝总要先在中和殿接受执事官员的行礼，然后去太和殿升座受群臣磕头拜贺。每年春季皇帝祭先农坛、行亲耕

用敷五福而錫極彰厥有
允執厥中
時乘六龍以御天所其無逸

中和殿内。乾隆帝题匾“允执厥中”，意为治国理政应持不偏不倚的中庸之道。

礼前，先要在中和殿阅视祭文，检点亲耕时用的农具。皇帝亲祭太庙、社稷坛、地坛、日坛、月坛、历代帝王庙、至圣先师庙，也要提前在中和殿阅视祭文。清代每十年修纂一次皇室谱系，都要在中和殿举行仪式，呈皇帝审阅。中和殿既是皇帝出场、登台、亮相前的休整、过渡、预备空间，也是皇帝在紫禁城里集中显示自己连通天上人间、领受上天恩泽、与各路神灵对话、承续皇家香火的中心所在。

于我，每每站在三大殿的东面或西面，打量三殿之间的关系时，往往会生出一些奇怪的联想。比如，中和殿夹在两座体量巨大的宫殿之间，虽然显得低矮，却有直上云霄之势，盯着它看，有时会突然想到康熙、雍正和乾隆的关系——中间的一个挑着两头沉重的担子。夹在两个在位 60 余年又自命不凡的皇帝中间，雍正在位虽短，执政时却如他刻下的印章“为君难”：一头要勉力收拾康熙帝晚年留下的“烂摊子”，一头要辛苦积攒供好大喜功的乾隆帝挥霍的大本钱。

从“谨身”到“保和”

太和殿初名奉天殿，保和殿初名谨身殿。把这两个殿名连起来，殿主人的心思表达得倒也得体：虽然主要的意思是说皇帝的位子是上天赐予的，但要保住这位子，皇帝还得“谨身”才是，要整饬自身、严格要求自己才是。谨身殿在嘉靖时更名为建极殿，清朝改名为保和殿，如乾隆题写的对联所示，“保和”的意思是：皇帝的子孙恭敬用心地承继家业，领导调理天下的臣民百姓，永保自家的帝业无穷无尽。这些心思落实到保和殿的责任和功能上，主要有两条：一是皇帝请吃饭，二是皇帝考官员。考试有定例，次数少；吃饭比较随意，看皇帝的兴致。比起太和殿、中和殿来，凭这两条，保和殿的使用频率就高一些。

皇帝请吃饭很重要。保和殿在建筑结构上采用了很有创意的减柱法，殿内中间靠前面的部分减少了 6 根金柱，因此空间分外宽敞，很适合作为皇帝专用的宴会厅。

比较常规的宴会是公主下嫁宴。公主多，皇帝的女儿不愁嫁，宴会次数就多。清朝皇帝的做法，先是纳彩礼。男方将彩礼抬来，额驸（满语，即驸马）分别到太后、皇帝和皇后处行礼。皇帝在保和殿设宴，宴请额驸及其父亲、其族中的在朝官员，以及三品以上的文武大臣。虽说举办的是公主下嫁宴，但作为主角的公主并不在保和殿的宴会上露面。公主以及皇室与额驸家中的女性成员，参加另在后宫内廷举办的宴会。

例行的宴会是除夕宴和元宵节宴。每年除夕及正月十四、十五，

太和殿后的中和殿、保和殿。

清朝的皇帝们都要在保和殿设宴，招待外藩、王公及文武大臣。殿前设中和韶乐、丹陛大乐，歌舞大作，宴会气氛隆重热烈。嘉庆二年（1797）腊月三十，照例除夕宴。这时候的乾隆皇帝，虽然已经禅位退休，但退而不休，亲自主持了两人一桌的盛大宴会。宫廷大乐响起，嘉庆皇帝陪侍着太上皇来到保和殿，待太上皇安坐在正中的御座上，自己才坐在御座东侧另设的小座位上，面西陪侍。文武官员列座陪食。嘉庆皇帝向父皇敬酒。太上皇举杯祝酒。文武官员各得赏赐。

宫中的大小宴会不止在保和殿一处举办。中和殿方正通透、不大不小，有些像如今既豪华又典雅的包间，更适合皇帝举行小范围的近臣、重臣宴会。作为后宫的乾清宫，曾多次举行皇家宗室宴会，也举办赐宴群臣的廷臣宴。在位最长的康熙帝，在乾清宫、皇极殿举办过上千人的千叟宴。乾隆 75 岁在位时和 85 岁退位后，曾举行两次千

保和殿内。乾隆帝题匾“皇建有极”，意为治理国家要遵循一定的准则。

叟宴，赴宴老者均超过 3 000 人，规模之大实难想象。如此大操大办，是否与乾隆帝觉得自己老了有关？宴会上，乾隆帝特别把 90 岁以上的老人召请到自己的御座前，亲自赐酒，又命皇子、皇孙、曾皇孙们向老人们行酒。赴宴老者年龄最高的达 105 岁。105 岁的老者来自福建，在子孙的搀扶下千里迢迢进紫禁城赴皇帝宴，人们只当盛世盛事传为佳话，岂不知老人饱受多少劳苦。说不定不少老者因此而离世，只是这种负面的信息不记不传而已。即便如此，几乎所有人都会把受邀赴宴当作一生中最大的荣幸，哪怕为此丢掉性命也觉不虚此生，死了也要“谢主隆恩”。举办者与参加者都明白，吃饭不重要，吃什么不重要，重要的是在什么地方吃，谁请你吃，和谁一起吃。这正是在专为“仪式”而设的地方不断制造

“仪式”的重大意义。

再看保和殿的考试。清朝顺治以来，保和殿就是御试翰林院官员的地方。自乾隆五十四年（1789）开始，国家的最高考试——殿试，在保和殿举行，此后成为定例。殿试的仪式感很强。殿试前一天，布置考场，保和殿内外设黄案各一，殿内摆放试桌，试桌上贴参试贡士姓名。殿试日，内阁官双手捧试卷置于殿内黄案上，礼部官员引贡士由午门两侧的旁门入宫。所有执事官员和贡士依次向放置试卷的黄案三跪九叩。礼部官员发试题，贡士们再下跪，接题，三叩头，入座应试答题，太阳落山前交卷。阅卷大臣昼夜阅卷，第三天黎明将选出的前十名答卷呈皇帝亲阅，由皇帝确定名次。皇帝确定的前三名，就是状元、榜眼、探花。在太和殿传胪，即正式公布之前，前十名还得接受皇帝的一次面试——下跪，磕头，简单的问答。仪式虽简，却很重要，也很必要，至少可以确保皇帝亲自阅定的佼佼者，不因智商、情商、形象缺陷而有失体统。殿试之后，还须参加仍是在保和殿举行的一系列复式、朝考，如参加翰林院官员的选拔。

召入皇宫殿试，由皇帝亲自定夺名次，真正的意义在于使这些层层考出来的精英，进一步意识到自己确实是天子的门生，进一步强化效力皇帝的忠诚度。

一宴会，一考试，齐了。保和殿的职能既简单又全面——通过宴会凝聚皇家宗室、群臣天下，通过考试将天下学子纳入彀中。保和殿诚如乾隆之意，真的是在尽力“保和”啊。

从太和殿屋脊处看中和殿、保和殿及后廷的东西六宫。

三台三殿之上

矗立在太和殿广场上的三台三殿，无论如何都堪称天才的设计。即使算不上原创，也是天才般的继承、创新、发展。

三台之下是大地。

三台之上是三殿。

三殿之上是苍天。

典型的“三段论”：天、地、人。当然，这人可不是一般的人。

高筑台是中国建筑文化中的一个重要传统，意在抬高、提升地位——提升建筑的地位，提升建筑拥有者和使用者的地位。历来的威权者、历来的帝王，总是千方百计地以自我的权威之力驱使群体之力，以抬高自我地位，到达超越俗世的境界，并以此反证自己的权威和力量。

但弄不好就是“危楼高百尺”，高而危。紫禁城中的三台三殿不是这样，虽高已超百尺，但显示出的不是危楼，而是伟楼，是稳固、雄伟、宏大的建筑建构、政治建构和文化建构。

在超越性的巨大平台上，构成超越性的宫殿空间——紫禁城的三台三殿做到了极致。

三台三殿的建构空间，由向下、向上、向前、向后四个维度的超越性，构成整体的超越性。

向下。三台深入地下 8 米多，打桩填石、纵横加筏的地基尽管不在视线之中，但地面之上同样超过 8 米的三台，同样的打桩、垒石、

从三台西北侧看中和殿、太和殿。

填砖、加筏，逐层向上收缩，加以汉白玉巨石的包裹，汉白玉栏杆、栏板的装饰，不仅彰显着坚如磐石的稳定感觉，还营造出亮丽、温馨、和谐、安然的氛围。

向上。三台三殿形成共同的视觉指向——直上云霄。层层向上的栏杆、根根向上的望柱，密集而整齐地相互簇拥着向上，齐心协力地簇拥着三台向上，托举着三大殿直上云霄。三大殿让檐角灵动的角兽与苍天对话，太和殿、保和殿让笔直的正脊、昂首的大吻触摸蓝天白云。居中的中和殿表现更出彩。它以相对小巧的精致造型，以四角攒尖向上托举起的金光闪烁的宝顶，向前、向后、向上，越过太和殿、保和殿的檐角屋脊，于无形的虚空中画出优雅的弧线，延伸、融入无垠的天空，或将无垠的天空导入三大殿的建筑空间，使碧云天成为天子宫殿的构成部分。

向前。近处是宽阔的广场，远处是无限辽阔的远方，既是满眼皆空，一无所有；又是满眼繁茂，包揽所有。三台前是 30 000 多平方米的巨型下沉式广场，四周的围房统统建在超过 2 米的高台上，三大殿更是建在超过 8 米的高台上。四周围房，四角崇楼，看起来完整无缺，实则九门环列，门道通畅。要“满”要“有”，招之即来；要“空”要“无”，挥之即去。

向后。三台的后边，即保和殿的后面，或保和殿两侧的平台以北，如一首乐曲高潮后的舒缓。三台三大殿与远处的景山之间，是皇帝非常充实、丰满、丰饶的天下之家，也是家之天下。脱离了三台三殿，完完全全落到平地上的三宫六院，平铺直叙，一览无余，尽收眼底。同时问题也来了。任何一位外来者，面对此景此情一定一脸茫然，一定担心自己迷失在大同小异的门道中。由于太过丰饶、太过铺排、太过茂密，就是皇帝本人，若不由太监引导，照样找不到门道，照样迷失在自我营造的“迷宫”深处。

从建筑审美的角度欣赏，三台三殿在造型艺术、环境艺术方面已发挥得淋漓尽致，可谓无与伦比。但审美功能与实用功能的关系比较复杂。比如，我们可以从建筑审美出发，高度赞美三台三殿如何天才般地将中国古典文化中的哲学思想和诗情画意，将天地、天人、高下、虚实、有无、盈亏、疏密、缓急等大智慧的文化要素和文化概念，作为宫殿建筑形态、建筑空间、建筑环境的灵魂，从而创造出三台三殿，创造出紫禁城这样的中国建筑文化、建筑艺术经典。我们甚至可以断言，今天和未来的人们，特别是建筑设计师、环境设计师，乃至一切从事设计的人，都能够从中获得无尽的启迪和创新的灵感。当我们从实用功能来看，从使用者的使用效果来看，又会生出许多别样的感慨。比如太和殿，作为最大的广场上最大的房子，因使用者的自我拔高与追随者的集体哄抬，由本来很宏伟的建筑，变成空空荡荡、大而无当、不接地气、不干实事的造神空间。在这样的空间里，只会生长空无、

从乾清门看保和殿后面。斜铺在台阶正中的就是那块故宫最大的云龙大石雕。

虚妄、自大，只会产生主子和奴才。从前朝高高在上的舒展的三台三殿，到平缓的后廷，再到密集的东西六宫，使用者来不及体会建筑空间的强烈节奏给予的高潮过后的舒缓，便沉迷陷落在女色、权力移交、权术宫斗、家族利益的陷阱之中。历代帝王，大多很难经得住自己对自己的这般“殿试”。

天地家国

同在一条中轴线上，高高在上的前三殿以最强烈的仪式感指向天，宣告皇帝是天子，皇权为天授；平缓落地的后三宫则以明确的实用性指向地，由『乾』到『坤』，由天到地，经天地『交泰』，而『乾清』，而『坤宁』——建筑空间的变化，显示着由天地到天下、到家国的过渡与转化。

前朝后宫之间

也许由于三大殿矗立的高台足够开阔，在开阔的平台上围绕着太和殿、中和殿和保和殿转来转去，并不觉得行走在高高的台地上，只把高台当平台。但当你终于觉得已经看够了三大殿，决定去看三大殿后面的皇帝后宫的时候，当你走到保和殿后面的时候，你会惊讶地发现，出现在你面前的是无边的低地，一大片黄色的殿宇井然有序、连

绵不绝地在你的眼底下铺排开来。当你走下高台，走到台下，走向殿宇的迷宫的时候，你会强烈地感受到，在皇帝的紫禁城里，前朝和后宫的高度及其空间布局的区别竟是如此之大。

反差虽大，却并不突兀。大有大的气势，小有小的适度，恰到好处。

位于高处的保和殿与低处的乾清门之间的乾清门广场。

在乾清门广场东门景运门内。南为保和殿，北为乾清门，对面为西门隆宗门。

三台之后的第一个空间，是一块东西长、南北窄的狭长广场。主导这一空间的，无疑是面向广场的后宫正门乾清门。这广场，便被称作乾清门广场。

乾清门广场东西宽 200 米、南北长 50 米，面积 10 000 平方米。算上午门前的凹形广场，这是紫禁城的第四个广场，也是最后一个、最小的一个。从午门广场往皇宫内部走，广场一个比一个大，太和门广场比午门广场大，太和殿广场比太和门广场大。而保和殿后面的乾清门广场，虽然东西宽度与太和殿广场保持一致，但南北长度却很短，总面积比太和殿广场小得多。最大的广场是掀起高潮的空间，最小的广场则是趋于平缓的空间。从需要特别张扬的仪式空间，到需要平静舒适的生活空间，一定要有一个自然的过渡空间。所以，狭长的乾清门广场恰到好处。

广场虽小，位置却很重要。乾清门广场把紫禁城分隔成前后两大板块，即前朝与后廷。乾清门广场是两者之间鲜明而严格的分界，也是贯通紫禁城前朝与后宫、东区与西区的主要通道。通往前朝，除保和殿后云龙石雕两侧的三台台阶外，东有后左门，西有后右门；进入后廷，除乾清门外，东有内左门，西有内右门；通往东区的是东门景运门，通往西区的是西门隆宗门——可谓四通八达。但由于后宫是皇帝和他的大家庭日常饮食起居的地方，所以护卫看管得格外严密。每当日落之后、满天星斗之时，所有的大门一律紧闭，不管白天有多少人走动，乾清门广场立刻变得死一般空寂。

中国古代任何一座皇宫的建造，都是家国一体的格局，从明到清的紫禁城尤甚。从空间功能的变化看，从明到清，清尤甚。三大殿主要用作举行浩大隆重的形式主义仪式，真正的治国理政场所，皇帝直接行使至高无上权力的地方，不在殿，在门，即御门听政。

明朝是在三大殿前的太和门御门听政，清朝后退到三大殿后的乾清门御门听政。明朝的皇帝在前朝的太和门御门听政，背靠最大的太和殿广场，面朝第二大的太和门广场，面朝弯曲典雅的金水河和金水桥，面朝雄关式的午门，所谓家国一体，很有些指点江山、治理天下的格局。清朝的皇帝在后廷的乾清门御门听政，背靠的是后宫的粉黛，面对的是狭窄的广场——保和殿高耸的后背挡住了远望的视线，同样是家国一体，却越来越落入家国不分的窘境里了。到后来干脆钻进红墙深处的养心殿，既办公，又起居，兼休闲，家就是国，国就是家，办事的效率确实提高了，格局却是越来越小了。

隆宗门内军机处

自从康熙皇帝在乾清门御门听政以来，乾清门广场就热闹起来。康熙皇帝特别勤政，执政听政的时间又很长，上朝的大臣便格外辛苦。明朝御门听政在太和门，虽然绝不允许在皇宫里使用代步工具，大臣们坐轿子到东华门、西华门外，走到太和门还不算太远；清朝上朝的大臣们要步行到乾清门，增加的路程可不算短。康熙皇帝大概体谅到朝臣的辛苦，尤其是对那些年事已高者。康熙二十一年（1682），康熙帝特别批准年老体弱的南书房翰林朱彝尊可从东华门骑马进宫，到景运门外的箭亭下马。对于如此老弱者，骑马也不是一件轻松的事。此后，逐渐有所放宽，允许上了年纪的大臣骑马或坐轿进宫上朝。到乾隆朝中后期，放宽到级别二品以上、年龄 60 岁以上的大臣可以骑马或坐轿进宫上朝。紫禁城本是禁城，后廷是禁中之禁。进入景运门、隆宗门，便可至后宫各处，因此这两座门是绝对的“禁门”。允许上朝的官员，有条件骑马乘轿的，不管何人何种状态何种理由，到这两座门外必须下马落轿，然后步行进入乾清门广场，到达指定位置。代步工具、随从人员乃至其他人等，一律在两门之外 20 步远处站立等候。

禁卫森严，抑或与放宽规定有关？隆宗门闹过一

紧贴着后宫宫墙的军机处的屋脊距宫墙的墙脊还有一段距离。→

次匪夷所思的大乱子。嘉庆十八年（1813），不足百人的“天理教”教徒居然攻入紫禁城，攻打隆宗门，差一点攻入内廷皇帝起居兼处理政务的养心殿。天理教流行之地正是多出宦官的地方。首领林清策动组织了一支小队伍，串通宫中太监，里应外合，顺利冲进西华门，直冲隆宗门，目标养心殿。宫中顿时大乱。正在乾清门内的上书房读书的皇子绵宁（即位后改为旻宁，即道光皇帝）闻讯，持一把鸟枪直奔养心殿。这时，已有几个人爬上养心殿西侧院墙，绵宁举枪击落两人。众侍卫赶到，暴乱平息。绵宁又急忙去看望安慰大受惊吓的皇后。当时不在宫中的嘉庆皇帝回宫后表彰绵宁“奋力捍卫”“忠孝两全”。紫禁城遭此大乱，嘉庆皇帝向天下颁发“罪己诏”，并下旨保留动乱中射入隆宗门匾额和房檐椽子上的箭镞，以为教训与警惕。200多年过去了，现在的人们依然能清楚地看见生锈的箭头插在门匾上，细心一点也能找到椽头上那个。

就在隆宗门内北侧，养心殿南的红墙下，有一排连脊小平房，共十二间，看起来一点也不起眼，却是赫赫有名的军机处所在地。其实那里不全属于军机处，东头两间是侍卫值房，西头三间是总管内务府大臣值房，只有中间七间才为雍正以来宫廷、国家的机要中枢军机处所用。明清两朝没有宰相的职位，明代和清初的内阁大学士是皇帝的高级秘书，雍正帝特设军机处，取代了内阁，军机处从此成为离皇帝最近、直接为皇帝服务的机要秘书班子。一墙之隔的北边，就是皇帝办公起居的养心殿大院子。

这么一个重要的机构，这么一些重要的人物，居然挤在这么一处狭窄的空间里，不只是今天的人们难以理解，就是当时的目睹者也难以理解。曾有军机大臣的助手描述：“屋小如舟，十几个大臣借着烛光埋头写字，如十年寒窗苦读之书生。”有的大臣描述：“军机处几间破屋，中设藜床，窗纸吟风，奇寒彻骨。”

当初，军机处的南窗上边，悬挂着雍正皇帝题写的“一堂和气”

现在看隆宗门“宗”字旁的箭镞，依然清晰可见。

匾额。也许，皇帝自己也觉得这些干活的大臣太受委屈了，尤其是意见不一时，需要他们献计献策时，连个商量的地方都没有，才写了这么几个字挂在那里。到了清朝晚期，军机处倒也有过新意：光绪三十四年（1908），军机处的北墙上挂出一块“预备立宪”的“上谕”。

八字宫门朝南开

紫禁城里殿多，宫多，院落多，房屋多，门也多，其中最显赫的是同在中轴线上的太和门和乾清门。但两座门不一样。

太和门是前朝三大殿的正门，乾清门是后廷后三宫的正门。三大殿举行重大典礼和隆重仪式，太和门前后通透、内外开放；后三宫既是皇帝日常起居之处，也是处理要务之地，是宫中最为隐秘之地。作为重要门户，乾清门虽然也曾像太和门一样举行御门听政，但绝不会门户洞开，最多是对外有限开放、向内严密封闭。

两门的整体的形象也各有特点。同为殿宇式大门，太和门前后空间开阔，高大宏伟；乾清门的前后空间及体量小了许多，典雅而安稳。太和门前一左一右两个青铜狮子是紫禁城中最大的，昂首云天、气度非凡；乾清门前的两个小了许多，但通体镏金、金光闪闪。太和门的须弥座台基高 3.44 米，乾清门的须弥座高 1.5 米。太和门面阔九间、进深四间，乾清门面阔五间、进深三间。

差异最大的是大门后面的景象。太和门后是宽广的下沉式广场，是需要沿着一级级台阶走下去的开阔洼地；乾清门后则是平整的通道，在汉白玉栏板栏杆的护卫下直通乾清宫。乾清门与乾清宫之间虽然也是下沉式广场，但深度与面积均比太和殿广场差太多，又被中间的通道分隔为东西两部分，基本上消解了广场的空旷感。

从太和门到太和殿，常举办重要重大的典礼，需要创造出隆重的仪式感，需要抑扬顿挫的节奏感，需要先抑后扬——先走上来，再走

乾清门前的铜镏金狮子在大雪中愈显灵动。

下去，再走上去，走向最高处，最后掀起最大的高潮；从乾清门到乾清宫，或从乾清宫到乾清门，主要是皇帝自己的移动，例如皇帝御门听政、处理政务，以及餐饮、就寝等日常活动的转接，需要平静平稳，需要稳定稳重、不急不缓、神宁气定，需要平铺直叙。

乾清门与太和门虽然都是殿宇式大门，观望进出都觉得是登堂入室，不觉得是进门出门，但形态上有一个非常明显的区别，就是乾清门的两侧伸出了两座醒目的八字形琉璃大影壁。影壁高 8 米、长 9.7 米、厚 1.5 米，两端与红色宫墙连接。影壁上下分别装饰有琉璃顶、琉璃须弥座，四角饰以琉璃菊花、牡丹花，一起烘托出影壁中心盛开的琉

乾清门西侧的琉璃大影壁，与高高的红色宫墙连为一体。

璃缠枝宝相花。宝相花就像现在在盛大庆典中摆放的豪华花篮，只是它永远盛开，似乎时时刻刻都在欢迎和欢送每一位出入宫廷的人。其实不是。和太和门比，乾清门只是大大地强化了门的感觉。古语说：“八字衙门朝南开，有理无钱莫进来。”进出这个八字门，可不是有理无理、有钱无钱的问题。

康熙皇帝坚持在乾清门御门听政，成为其执政的常态。雍正帝及其后皇帝们的执政处以养心殿为主，军政要事直接交办一墙之隔的军机处大臣。但康熙帝开创的乾清门听政还得继续，于是改为数日或一月一次了。不管是上乾清门，还是进养心殿，乾清门东侧与军机处对应的十二间小平房，一直是文武大臣等待皇帝召唤的地方，所以也被叫作九卿房。

雍正皇帝执政时期还有一个改变，就是把皇子皇孙们读书的地方，从康熙时的乾清宫西南角，转移到乾清门内东侧的南庑。这样，读书的皇子皇孙与听政的皇帝就近在咫尺了。皇帝们听政的时候，间

站在前朝三台上保和殿的后面，看八字宫门朝南开的乾清门。

或听到皇子皇孙们的琅琅读书声，大概会感觉格外踏实且干劲倍增吧。

皇子皇孙们读书的五间房子叫上书房，后来的乾隆皇帝成为乾清门内上书房的首批学生。雍正帝时常到上书房转转，特意写了“立身以至诚为本，读书以明理为先”挂在墙上。正在读书的少年弘历（乾隆皇帝）写诗赞颂父皇的题联，诗中写道：“妙义直须十四字，至言已胜千万书。”想来雍正看后极为满意，甚是欣慰。乾隆皇帝即位后，御门听政时，忽然听到上书房传来皇子们的琅琅读书声，当年情景悠然而现，遂提笔赋诗：“明窗晴旭暖，忽忆十年初。”

乾清宫

乾清门直对乾清宫，乾清宫后为交泰殿、坤宁宫，三者合称内廷后三宫。乾清宫是后宫的主体、核心。后三宫的布局、排列、空间、结构类似前三殿，高低、大小、宽窄等似乎一律按比例缩减，可谓三大殿的缩小版。如太和殿建筑面积近 2 400 平方米，而乾清宫为 1 400 平方米，少了 1 000 平方米。相比三大殿及周围开阔的环境，后三宫区域紧凑而精致，确实更合适居住生活。

明朝一代，自建造紫禁城、迁都北京的永乐皇帝朱棣，至跑到景山上吊自杀的亡国之君崇祯皇帝朱由检，共 14 位皇帝居住在乾清宫。清朝的顺治帝、康熙帝也住在乾清宫。在 300 多年中，乾清宫一直作为皇帝的寝宫与处理常规性政务的宫殿，其重要性不言而喻。

与三大殿的命运一样，就其建筑本体，火灾是它们共同的克星。有史料记载，乾清宫四次毁于火，五次重建。最后一次毁灭性火灾发生在嘉庆二年，连同东西两边的昭仁殿和弘德殿，以及后边的交泰殿一起烧毁。一年后重建，距离康熙时太和殿烧毁后的重建已有 100 余年。

乾清门与乾清宫在一个平面上。乾清门直通乾清宫。→

乾清宫前东侧的微型社稷金殿。↓

乾清宫内正中皇帝的座位。

乾清宫前宽敞的平台上，像太和殿前那样摆放着铜龟、铜鹤、日晷、嘉量，以及镏金香炉，体量自然会小一些。比较特殊的是，平台前的丹陛下面，有高 1.8 米、宽 1.1 米、长 10 米的通道，东西走向，石砌，拱形，两头设门，俗称“老虎洞”，可能是为着太监、宫女和侍从往来服务时走动方便。若非有意寻找，现在的人一般不会注意到。明朝以嬉戏误国的天启皇帝，和太监们捉迷藏时，最喜欢在有月亮的晚上藏在老虎洞里。乾清宫前平台东西台阶的北面，各有一座雕镂精致的汉白玉文石台，这也是太和殿前没有的。文石台三层，四周刻江

崖海水纹，其上各安放一座仿木构建筑的铜镀金微型宫殿，东边的叫社稷金殿，西边的叫江山金殿。两座金殿形制相同，重檐，下层呈方形，上层为圆形攒尖顶，金光闪闪，分外醒目。

乾清宫内，正中设宝座，宝座后五扇屏风，屏风上方高悬清顺治帝题写的“正大光明”匾。康熙帝颂扬皇父“正大光明”四字“结构苍秀，超越古今”“挥毫之间，光昭日月”。宝座两侧楹联，前为康熙帝题写，后为乾隆帝题写。康熙题：“表正万邦，慎厥身修思永；弘敷五典，无轻民事惟难。”乾隆帝题：“克宽克仁，皇建其有极；惟精惟一，道积于厥躬。”现存“正大光明”匾额为顺治帝题、康熙帝摹，康熙帝题联为乾隆帝摹。“正大光明”摘自《易经》，两联均集自《尚书》。虽为集句，但句句是金句，意义均精到，居然集得如此浑然一体，真是用心良苦。至于能不能做到，就不是楹联的事了。

乾清宫内东西两侧设东西暖阁。西暖阁存放一方康熙帝的玺印，印文为“敬天勤民”，是雍正帝从父皇的印章里选出来的。乾隆帝清点父皇的玺印时，特地把这方印挑出来放在乾清宫西暖阁。乾隆皇帝在 70 岁时，为自己制了一方“古稀天子”印，放在乾清宫东暖阁，并做出指示，说子孙里有谁能做到像他这样，就可以用这方印了。从“敬天勤民”到“古稀天子”，从乾清宫西暖阁到东暖阁，从皇帝爷爷到皇帝孙子，执政的理念是越来越退步了。

皇帝的睡觉问题

一想到在数百年的时间里，乾清宫一直作为皇帝的寝宫，问题就来了：1 400 平方米的大空间，皇帝一个人，怎么个睡法？能睡安稳吗？睡得着吗？

有一种说法，说明代乾清宫的主要职能是服务好皇帝的寝居。皇帝不能睡好觉，肯定是一个很大的问题，就像困扰现代人的失眠问题。太大、太高、太空的宫殿空间不利于睡眠，怎么办？于是，在乾清宫的后部，即靠北墙的地方，房中建房，设暖阁 9 间，且分上下两层，共置床 27 张，说是供嫔妃们晚上居住，以备侍寝。伺候皇帝睡觉，用得着这么多床吗？若真如此，也很怪异。又说另有用意，房中的房多、床多，皇帝每晚睡在哪一张床上很少有人知道，以防不测。睡觉睡到这份儿上，还能睡安稳吗？

还有一种说法，认为皇帝们并不是这么一种睡法。嫔妃们分散住在乾清宫两侧的东西六宫，今晚需要哪位侍寝，招来就是，或皇帝亲自到那位嫔妃的宫中就寝。另有记载，乾清宫东西两边的昭仁殿、弘德殿是很严密精致的小院落，皇帝们一般愿意把这两个地方作为他们的寝宫。这倒比较符合实际，严密精致的空间环境确实有利于入睡。

不管怎么说吧，皇帝的睡觉问题始终是个不好解决的大问题。或者说，这个问题根本就无解。站在三大殿高台的后边望几眼后宫，有时候会突然生出一些特别的想法：在占紫禁城近三分之一，也就是大约 20 万平方米的后宫区域，怎么可能、怎么需要日日有成千上万的

乾清宫内西侧。

西六宫后部。

宫女太监活动呢？后来的皇帝们或许会说这是古已有之的传统，不应该不继承吧？以宫女为例，有资料显示，汉朝时五六千，晋朝上万，宋朝数万，唐最高时有四五万，明清数千。其中也有可能是某个朝代某个皇帝时的特例。总之，一个男人陷入女人和太监的世界里，而且是几百几千个女人和太监的世界里，能算正常吗？能保持正常吗？

所以，明朝的皇帝们，真有些很变态的。如 20 多年不上朝的嘉靖帝、万历帝爷孙俩，木匠活干得比皇帝活好得多的天启帝，还有那个上吊前疯狂的崇祯帝（在乾清宫挥剑砍死自己的嫔妃，砍断自己女儿长平公主的右臂，在昭仁殿刺死年幼的女儿昭仁公主），等等。嘉

在三台上看东六宫一带。

靖皇帝前期还算勤政，后来迷方士，迷丹药方术，居然数次选民女入宫，制作“红丸”。深受其害的是宫女们，弄糟身体的是嘉靖皇帝——连上朝的力气也没有了。或许再也不能忍受如此变态的摧残了，或许还有其他原因，十几个宫女齐心协力，差点把嘉靖皇帝活活勒死，史称“壬寅宫变”。这类发生在宫里、与宫女太监直接相关的奇异之事并不少见。

一时的荒唐愚昧不可怕，可怕的是这样荒唐愚昧的制度竟然可以在堂皇的皇宫里延续几千年，真是不可思议。

“正大光明”背后的秘密建储

在诸多皇帝里，虽然康熙帝是一个在多方面得到认可的好皇帝，但也难以克服家国一体的体制性弊端，比如选择接班人问题。

康熙 8 岁当皇帝，12 岁结婚（实际年龄 11 岁零 6 个月），新娘比他大 3 个月。不到 14 岁，第一个儿子出生。最后一个儿子出生时，他已经 65 岁。结婚早，在位时间长，在清代皇帝中，康熙帝子女最多。据档案统计，康熙帝共有200多位妻妾（有名分的和无名分的），为他生育了 35 个儿子、20 个女儿。

如何选定继位者？康熙帝决定沿用历史上各王朝立嫡长子的办法。康熙十四年（1675），下诏立嫡长子胤礽为皇太子。33 年后的康熙四十七年（1708）废皇太子，第二年复立，3 年后再废。康熙帝为什么会在这么重大的问题上反复无常、无计可施呢？想想看，在册立太子之后 30 多年的时间里，父亲和儿子之间，皇帝和太子之间，大大小小的矛盾、相互看不惯的别扭，能少得了吗？在康熙看来，他的皇太子从一个聪慧的少年，逐渐变成了一个缺乏仁爱、行为乖戾的中年“油腻男”，这让他无法忍受。而当太子的地位动摇和变动之际，太子和那么多皇子之间，皇子和皇子之间，以及各

下一个皇帝的名字，被上一个皇帝放在明晃晃的“正大光明”后面。下一个皇帝是谁？只有上一个皇帝知道。

自的关系网、利益圈内部，争位夺利，乱象纷纷，更让他烦躁不安、屡屡发怒。第一次废太子后，康熙帝把他的皇子们召集到乾清宫，指名训斥，说到怒不可遏时拔刀威胁，真的是方寸已乱了。有论者甚至说，康熙帝因接班人废立之事而烦恼苦闷，中风而亡。两废太子后，康熙皇帝再没有公开建储，使雍正帝如何取得皇位成为一大疑案。

康熙帝被接班人问题困扰成何等模样，实际的继位者雍正帝看得清清楚楚。他坚决不会重蹈父皇的覆辙。他早已想好，这是他一上台就必须解决好的问题。雍正元年（1723）八月，雍正帝在乾清宫召见王公大臣，郑重宣布一项重大决定，即从他开始，实行新的皇位继承人制度。具体程序是：在位皇帝亲自书写一份传位于某皇子的密诏，

乾清宫。

密封在一个匣子里，放置在乾清宫内正中高高在上的“正大光明”匾额后面；与此同时，皇帝另写一份同样内容的密诏，随身携带。宣布毕，在四位总理事务王大臣的见证下，雍正帝将密封的锦匣藏在“正大光明”匾后。

雍正十三年（1735）八月，雍正帝的第四个儿子成为清代第一个以秘密建储制继位的皇帝，这个皇帝就是乾隆帝。乾隆帝对历朝历代的建储法做了一番比较，认定父皇开创的秘密建储“实为美善”，

进一步将秘密建储确定为“建储家法”。

乾隆三十八年(1773),乾隆帝将亲手写下的密诏藏于“正大光明”匾后。乾隆六十年(1795)九月初三日,取出密诏公布天下的还是乾隆皇帝。乾隆皇帝的第十五个儿子颙琰(嘉庆皇帝)正式被公布为继位者。这一天,正是乾隆即位60年整的日子。

在“正大光明”的背后秘密建储,虽然名与实、知与行、说与做的“悖论”太过明显,但好歹也算是一项无奈的制度性改革吧。

南书房与上书房

乾清宫大院四围的房屋，一部分为皇帝日常生活所必需的服务设施，如敬事房为总管太监之所，专管宫内一切服务事务；御茶房专供皇帝茶饮、四时节令果品，所用之水专取自西郊玉泉山；端凝殿存放皇帝的冠袍带履；御药房常贮药 400 余种，御医负责皇帝及后宫保健，常在太监带领下去各宫把脉、煎药。除此之外，大部分房屋是皇帝及皇子皇孙们读书、研修，以及陈设存放珍稀图书、文房用品的场所。不管爱不爱学习，爱不爱读书，不管是真爱还是假爱，皇帝们总愿意把后宫的中心地带装点成非常文雅、有文化气息的地方。

乾隆九年（1744），乾隆帝就曾下诏从宫中各处藏书中挑选善本，列架陈设在乾清宫东侧的昭仁殿里，并亲笔题写“天禄琳琅”匾额，悬挂于殿内。30 年后，乾隆帝命大臣重新整理、鉴别、研究，编成《钦定天禄琳琅书目》十卷，详记每一部书的刊印年代，及流传、收藏、鉴赏情况。当时昭仁殿共藏宋金元明版图书 429 部。乾隆四十八年（1783），乾隆帝在昭仁殿后室特辟一室，存放宋版《易》《书》《诗》《礼记》《春秋》五经，命名“五经萃室”，亲题匾额，悬于室内。可惜嘉庆二年藏书全部毁于火。嘉庆皇帝旋即重新收贮、编辑《钦定天禄琳琅书目后编》659 部，恢复“五经萃室”。昭仁殿藏书很有特色，宋金版用锦函，元版用青绢函，明版用褐色绢函，分架排列，方便随时抽览。

中间是乾清宫通向乾清门的甬道。乾清门西侧的倒座房，就是小皇帝康熙智擒鳌拜的南书房。

位于乾清门内西南侧的南书房是一个有故事的地方。那里初为康熙小皇帝读书处。康熙 8 岁即位，权臣鳌拜把持朝政，根本不把小皇帝放在眼里。康熙 14 岁亲政后，在继续读书学习的同时，挑选了十几名与他年龄差不多的八旗少年，组成“宫廷卫队”，天天练习布库（摔跤）。鳌拜看见小皇帝与一群小儿摔跤打闹，并没有当回事。忽一日，康熙帝召鳌拜到南书房议事，并观看布库表演。康熙帝沉着冷静，命令众布库少年一拥而上，将桀骜不驯的鳌拜伏地擒拿，随即公布鳌拜 30 条大罪，不仅一举清除了鳌拜及其同党，更使满朝文武官员见识了少年皇帝的非凡禀赋。

康熙帝或许因此对南书房情有独钟。此后，他经常挑选翰林院中才品兼优者入值南书房，如学士张英、高士奇等，与他们一起讨论学问、赋诗撰文、写字作画，甚或咨询政事，让他们代拟谕旨。因靠近皇帝，南书房被视为要地，获选入值者亦以此为荣。乾隆帝在即位那一天，待隆重的仪式结束后来到南书房，一个人静静地坐了一会儿。可见此地影响力之大。

与皇帝们研修的南书房对应的，是乾清门内东侧的上书房——皇子皇孙们读书的“教室”。老师是翰林院推选出来的，称为上书房师傅。皇子皇孙6岁入上书房读书。开学日，第一次上学的，先到上书房东边房子里供奉孔子牌位处行礼，再向师傅行拜师礼。课程内容有三部分：一是四书五经等汉文儒学经典，二是满文和蒙文，三是弓箭骑射。乾清门与乾清宫之间甬路东面的下沉式广场，是年幼的皇子皇孙们练习射箭的地方；而西面曾是康熙小皇帝和他的

乾清宫前面的这一片下沉式广场，是皇子皇孙们练习射箭的地方。

小卫队练习摔跤的地方。皇室注重教育，文治武功，不可偏废。

上书房读书没有“毕业”的概念。父皇身体好，寿命长，当皇帝的时间就长，于是太子等待的时间就长，读书的时间也长。嘉庆帝 36 岁登基，道光帝 39 岁登基，这两位在上书房的时间都在 30 年左右，都是上书房的“老学生”。

交泰殿女主人

交泰殿与中和殿的造型，交泰殿和乾清宫、坤宁宫的位置关系与中和殿和太和殿、保和殿的位置关系，简直是一模一样的。只是交泰殿在体量上小了许多。中和殿面阔、进深各五间，交泰殿面阔、进深各三间，一样的正方形平面，一样的四角攒尖顶，一样的铜镀金宝顶闪闪放光。前朝的中和殿是皇帝上朝前专用的休息室、预备室，交泰殿则不只是皇后的休息室、预备室，也是皇后领导后宫、管理后廷所有女人的中心。在宫殿的装饰上，三宫有明显的区别：交泰殿前面的乾清宫是金龙和玺彩绘，交泰殿和后面的坤宁宫则变成龙凤和玺彩绘。

交泰殿内，正中专设皇后宝座。每年的元旦、冬至和皇后生日（千秋节），皇后都要穿戴礼服，在隆重的礼乐中落座，接受拜贺。每年春季，如皇帝亲自参加耕种仪式一样，皇后要举行一次礼仪性的活动，亲自动手采桑养蚕，叫作亲蚕礼。亲蚕仪式前一日，皇后会到交泰殿查看准备工作，检点采桑用具。太监们将事先停放在乾清门外龙亭里的采桑工具恭恭敬敬地端到交泰殿，摆放在供皇后阅视的桌案上。皇后采桑用的是金钩、黄筐，陪伴皇后采桑的妃嫔用的是银钩、黄筐，其余随去的命妇们用的是铁钩、朱筐。皇后一一看过后，太监们再将工具放回龙亭，待第二天使用。皇帝的“亲耕”和皇后的“亲蚕”，虽然都是做做样子的“仪式”，但事关皇家的吃饭穿衣问题，也与天下百姓的吃饭穿衣问题密切相关——民生事大，做做样子也有高度重视、示范带动的意义与作用。

坤宁宫前交泰殿。

“乾清”谈的是天，“坤宁”说的是地，《易经》有言：“天地交，泰。”天地之气在交泰殿融会贯通，阴阳相交，生养万物。不管事实如何，这名称上的功夫绝对到家了。即便偶有问题发生，也要尽快抹平。崇祯帝的周皇后是交泰殿的最后一位明朝女主人。崇祯十二年（1639）元旦，因深得崇祯帝宠爱而与周皇后关系紧张的田贵妃到交泰殿向周皇后朝贺，周皇后让其在门外的寒风里等了许久，朝拜时亦无话可说。而与晚来的袁贵妃却相见甚欢，说个没完没了。田贵妃大恨，事后向崇祯帝哭诉委屈。崇祯帝到交泰殿找周皇后问询，气头上一掌将周皇后推倒在地。皇后绝食，甚至想要自杀。崇祯帝冷静之后，颇为后悔，命宦官给周皇后送去一条貂皮褥子和几句问候。帝后复和好。

在康熙帝、乾隆帝的心目中，交泰殿的作用更大、更实在，从他们给交泰殿题写的匾联中可见一斑：匾“无为”，康熙帝题写；联“恒久咸和，迓天休而滋至；关雎麟趾，立王化之始基”，乾隆帝题写。联的意思是说，接受恒久和谐的天赐之福可以达到极致的境界，淑女与王子能够创造帝王基业的新开端。多么美妙而崇高的帝后婚姻啊。而最重要的，全在于帝王的家业后继有人！这是不是“无为”而治的最高境界呢？

和前朝的三大殿一样，后三宫当然也是建在高台上的。但后三宫的台基就低多了。三大殿的台基是三层，后三宫的台基只有一层。值得注意的是，在交泰殿台基下的东西两侧，各有两排低矮的小房子，共四排 20 间。小房子的屋顶虽然也是黄琉璃瓦铺排，

乾清宫、坤宁宫之间的交泰殿。台阶两侧的小房子是太监的值房，在后三宫中体量最小，等级最低。

但高度未超过交泰殿的台基。站在小房子门口，举手即可触及屋檐；弯腰入内，正常的个头就会碰到屋里的横梁。小房子与周围的宫殿相比，差异大到令人惊异。但从外表看，从与整体建筑环境的关系看，却又很协调，若不是特意关注，甚至根本感觉不到它们的存在。为什么会在巍然宫殿下面配置这么低矮的小房子呢？原来，这是专为太监安排的值房。皇帝的“乾”也好，皇后的“坤”也罢，乃至皇帝、皇后的“天地交泰”，必须有太监这样的“非人”之人全天候服务到位。

交泰殿里的时间与印记

除了专为皇后设置的宝座，除了康熙帝、乾隆帝亲自书写的匾联，交泰殿里另有三样物件也很醒目：一是东侧的铜壶滴漏，二是西侧的大自鸣钟，三是排列于宝座左右的 25 枚清代宝玺。

西侧的大自鸣钟，为机械制动的报时器。有记载说，它是明朝万历年间传教士利玛窦从意大利带来献给万历皇帝的。皇帝兴趣甚高，特命工匠给大钟量身定制了一座精美的木阁楼，用银 1 300 两。利玛窦看了感慨道："阁楼上下刻满了人物、亭台，鸡冠石、黄金装饰闪闪发光，艺术水准与欧洲相比毫不逊色，真是配得上帝王的陈设啊！"清嘉庆二年，陈设在交泰殿的大自鸣钟与交泰殿一同毁于火。交泰殿当年重建，宫廷造办处次年重造大自鸣钟，仍将其放在交泰殿，一直到现在。豪华的大自鸣钟通高 5.568 米，分上中下三层。一层背后有门，内设三组机轮，中间一组驱动时刻指针，右一组击钟报刻，左一组击钟报时，一刻一响，一时一鸣。二层向东的一面为标刻罗马数字的表盘，背面也有门。第三层为楼顶。大自鸣钟每月上弦一次，数十年无差。报时钟声嘹亮，声传数百米外。此钟一鸣，神武门上即鸣钟鼓，宫城外钟鼓楼随即响应，向全城报时。在相当长的时期里，交泰殿的大自鸣钟是宫中乃至整座北京城的标准时间发布者。

交泰殿东侧的铜壶滴漏，也称铜壶刻漏，是乾隆皇帝命令制造的。铜壶滴漏是古代的计时器，历史悠久。其原理是依据水滴落下的节奏计算时间，每到一个时辰，滴水满，标有时辰的水箭便浮出水面——

交泰殿内。

水满箭尽，水则泄出，非常形象地显示着时间的流逝。乾隆时制造的这座铜壶滴漏超级“高大上”，似乎要与原产于意大利的大自鸣钟一比高低。在位置上，铜壶滴漏放在左侧，古代以左为上，表示其地位高于右侧的大自鸣钟。它确实也高一些，通高 5.76 米，比大自鸣钟高近 0.2 米。铜壶滴漏同样做成楼阁状，也是上中下三层，内部结构复杂精致，箭是铜人抱箭，且置于如舟之铜鼓之上；外形重檐方亭，更显豪华气派。乾隆写《刻漏铭》赞道：“迎日揆景，举分测辰……器与道偕，是验是虔。”将其运行原理提升到天地运行之道的高度，比较起来，大自鸣钟则“淫巧徒传”了。虽然乾隆帝对“漏”很是得意，但是它用起来颇费劲，须有专人看管，尤其是在寒冷的冬日，要常用热水换冰水，防止冰冻无法运转。乾隆时代一过去，铜漏就不再使用了。嘉庆帝也有改父皇做法的理由——康熙帝写过赞美自鸣钟的诗句：“昼夜循环胜刻漏，绸缪宛转报时全。”看来，在对待外来事物上，比乾隆老的和比乾隆小的，都比乾隆实事求是些。

清代的 25 枚宝玺，也是乾隆帝确定并放在交泰殿里的。被历朝

交泰殿内铜壶滴漏。

历代渲染得神秘莫测的所谓传国宝玺神话，是从秦始皇的“万世传国宝玺”开始的。一块刻着“受命于天”的玉石，竟被视为王朝正统的信物和象征，在改朝换代时被争抢，真真假假的传说经唐宋延续至元。明清两代均有“获得传国玺”的事件流传，据说乾隆帝亲自鉴定为假。其实，皇帝们心里明白，传国玺只不过是一种可以利用的说法而已。明人就说过：“受命以德，不以玺也。”乾隆帝说：“即真秦宝，亦何足贵？”“何得与本朝传宝同贮？”乾隆帝抓得准，什么宝不宝，传本朝、本朝传才是关键。所以他为“本朝”确定“二十五宝”，比明朝的“二十四宝”多了一宝，并隆重地放在后宫的“天地交泰”之处。至于宝玺上刻的文字，刻来刻去，与秦始皇的还是一脉相承。比较紫禁城里明代的“二十四宝”和清代的“二十五宝”，其印文大同小异，意思则完全一样。印文一字不差的就有13方，如“皇帝奉天之宝”“受命之宝”“皇帝之宝”“皇帝信宝”“天子信宝”“天子行宝”“皇帝尊亲之宝”“皇帝亲亲之宝”“制诰之宝”“敕命之宝”“广运之宝”，等等。

交泰殿及其殿内标志时间的传统的铜壶滴漏和外来的大自鸣钟，以及标志皇权的二十五宝，是空间、时间与皇权关系的集中体现，交泰殿在这里是皇帝理想中的“乾清”与“坤宁”之间“交泰”的节点。对于永恒的天地之间的“时间性”帝王而言，最重要的是对权力的“即时性”把控，就像交泰殿中二十五宝的印文反复唠叨、反复“钦印”的那些意思。

对于皇帝的宫殿来说，交泰殿里皇后的宝座重要，康熙帝和乾隆帝题写的匾联重要，为宫中和京城制定标准时间的铜壶滴漏及自鸣钟也重要，但更重要的还是证明皇权、象征皇权的二十五宝玺。虽然历史上一家一姓不可能一脉相承，但“受命于天”“奉天之宝”“皇帝之宝”却传承了几千年。

坤宁宫：洞房花烛

交泰殿后面的坤宁宫，是皇宫里后三宫的最后一座宫殿。

坤宁宫格外聚人气，明晃晃的大玻璃窗前总是挤满了向里探望的人群——一定得看看皇帝娶媳妇的洞房到底是什么样子。可是大多数人并不清楚，与皇帝皇后的洞房同在一个屋檐下，仅仅一墙一门之隔，就是每天要在大锅里煮四只整猪，定时定点举行萨满祭祀的地方。

当然只有清朝才这么做。明朝的几百年里，坤宁宫一直是皇后的住处。坤宁宫的最后一位明朝主人就是那位被崇祯皇帝一掌推倒过的周皇后。也许是因为小时候生活在江南，这位周皇后非常喜欢茉莉花。60 盆上好的茉莉整齐地排列在坤宁宫前后，花开时节，坤宁宫内外花香四溢。周皇后身着素白纱衫，采茉莉花插于发髻，动静飘香。崇祯十七年（1644）三

坤宁宫前。

月十八日，李自成攻陷北京城，崇祯帝将周皇后、袁贵妃叫到身边，狂饮几十杯酒后，挥剑砍向袁妃，袁妃应声倒地。周皇后立即跑回坤宁宫，自缢而死。

明朝的末代皇后吊死在坤宁宫，并没有影响清朝的皇后入住。从康熙帝开始，坤宁宫又成为皇帝大婚时的洞房。不过，当了皇帝才结婚的不多，除康熙帝外，前有顺治帝，后有同治帝、光绪帝，逊帝溥仪也算一个。同治帝和光绪帝的婚礼都是由慈禧太后操办的，最奇怪的是国家衰败得不成样子了，皇帝大婚的典礼却越发盛大了。光绪帝的婚庆规模最大，也是中国帝制历史上最典型的皇帝大婚典礼，准备了近两年，耗银 550 万两。仅银两，按时价折成粮食，就够 190 万人吃一年。另外，还留下了宫廷画师们精细

在玻璃窗的反光下，坤宁宫外对皇帝的洞房特别感兴趣的观众，似乎进入洞房了。

描绘的光绪大婚全过程的八大本《大婚典礼全图册》。真乃末世浮华啊。

如今在坤宁宫外隔着玻璃窗看见的，大体上就是那时洞房的样子。光绪十五年（1889）正月二十七日，19岁的光绪帝奉慈禧命迎娶22岁的慈禧侄女隆裕皇后。完成了一系列皇后进宫的礼仪后，傍晚时分，在坤宁宫举行帝后合卺礼。各宫各殿各门都用大红喜字、大红绸装饰，彩灯高悬。坤宁宫东暖阁龙凤喜床上，摆放着装有金银珠宝五谷等物的宝瓶，床帐绣五彩百子图，大红缎床褥绣龙凤双喜，明黄、朱红缎被彩绣百子图。喜床上方悬匾："日升月恒。"配联："宝瓞长绵，八极人天欢喜；金萱并茂，九霄日月光华。"皇帝和皇后先坐在龙凤喜床上吃子孙饽饽，然后坐在南边炕上，皇帝左、皇后右，面对面共进合卺宴。高一尺的合卺宴炕桌上，18个大大小小的金盘、金碗、金碟等，满盛着饰有双喜、龙凤呈祥字样的猪羊鸡鸭各式精美菜品。皇帝和皇后礼仪性地用过合卺宴后，再晚一些时候，还要吃一餐长寿面。花烛之夜过后，在第二天天亮之前，再共进一席如合卺宴般丰盛的团圆宴。

上自帝王，下到平民，娶媳妇嫁闺女，一样以吃为主。

坤宁宫：萨满祭祀

从雍正帝开始，皇帝的住处转移到养心殿，皇后也不在坤宁宫居住了。除了大婚时的皇帝和皇后在坤宁宫举行合卺礼，居住三天，坤宁宫的用处，就是日复一日地举办萨满祭祀活动。

萨满祭祀的传统，是由清皇室从关外带到北京紫禁城的。仿盛京皇宫里专用作祭祀的清宁宫的结构布置，把坤宁宫原来的西暖阁隔墙拆去，与正堂连通，形成较大的祭祀空间。西面的墙上悬挂天神像、布偶、黑色布幔。正中北面靠后窗，安置三口可煮整只猪的大锅。东暖阁仍保留，用作皇帝和皇后大婚时的洞房。

萨满祭祀的内容是祖先崇拜、多神崇拜，所祭之神主要是满族始祖，也祭蒙古神、释迦佛、观音菩萨、关帝君等。坤宁宫的萨满祭祀，分为每年元月和春秋的大祭，每日的朝祭和夕祭。祭祀仪式的突出特点是用煮熟的整只猪祭神和舞蹈般的跳神。坤宁宫前，竖立一根三丈高的神竿，又叫祖宗竿子，祭祀时，上挂敬献给神的猪颈骨肉。在祖宗竿子的东北边设案，堆放祭祀猪肉。

大祭时，皇帝亲率王公、臣僚分食祭神猪肉。祭神肉是不放盐的，对平日里吃着有滋有味饭菜的“食肉者”来说，吃下一大块无盐肥猪肉是一项相当艰难的任务。有机警者会悄悄地在宽大的袖筒里带些盐巴，吃时偷偷地撒在肥肉上。皇帝和王公大臣在坤宁宫正堂吃肉的同时，皇后率贵妃等女眷在东暖阁吃。大祭一次杀猪煮猪 39 头，常态性的朝祭与夕祭，每祭都要用两只整猪。祭过神的猪肉，由侍卫等宫

中人员分吃。算下来，宫中全年祭祀用猪将近2 000头。特供祭祀用猪，也是一项不小的产业。

站在坤宁宫前，看看东边的皇帝洞房，看看中间和西边的萨满祭祀场地，想想皇帝皇后洞房花烛的情景，想想平日里在皇帝洞房处杀猪的情景，想想天天腥臭弥漫、烟熏火燎的煮猪情景，想想各类人等埋头大吃无盐肥猪肉的情景，想想这些情景竟然能够一成不变地维持了几百年——现在的人们真的不能想象。

康熙皇帝、雍正皇帝、乾隆皇帝，这些自以为，也被不少人奉为很有作为、很爱学习、很有文化、很是儒雅的皇帝，就没想过把萨满祭祀活动变得文雅一些、好看一些吗？恐怕不是没有想过，而且想得很深很远。这根本不是一个审美问题。在事关家族、民族集团利益，事关皇权传承的重大问题上，他们一定会选择不忘祖宗、牢记当初、代代相传，最有效的法子是坚守祖宗的规矩仪式，日日操练，朝夕强化。多保留些煮猪吃肉跳大神的神秘感更有效。

游人止步

坤宁宫与交泰殿之间的小广场——萨满祭祀竖祖宗竿子，放堆肉案子，“萨满太太”（女巫师）且歌且舞的地方。

钦安殿里的玄天上帝

三宫之后，中轴线上的最后一座宫殿，既不是为皇帝建造的，也不是为皇后建造的，而是营建紫禁城的朱棣皇帝为一尊神建造的。这尊神的名字最终也是朱棣皇帝确定的，叫玄天上帝。这座宫殿的名字叫钦安殿，是中轴线上唯一的神的居所——神殿。

钦安殿位于坤宁宫后面的御花园正中。前些年大修，发现其梁架均由巨大的楠木构成，为典型的永乐时风格；周围的汉白玉雕花栏板、栏杆和望柱，是紫禁城中雕刻最精美的，这也是明初的特征。凭这两条，足以证明钦安殿600年来未有重大损毁。明嘉靖十四年（1535）添建院墙，钦安殿院落自成格局。院墙南面正中设门，名天一门，取义“天一生水”，以避火患。中轴线上的宫殿，钦安殿是唯一没遭受过火灾的。没遭过火毁，又有乾隆、道光两朝留下的《钦安殿陈设档》为依据，因此有专家认为，钦安殿的外部建筑与内部陈设是紫禁城里极少有的明代原状。

钦安殿内供奉的主神是玄天上帝。殿内有大小神龛14座，从神32尊，还有经书与各种供器。正面排列三座大神龛，神龛内各有一座玄天上帝铜坐像，高两米。正中龛内铜像为永乐时铸造，面部镏金，披发跣足，着盔甲，手持断魔雄剑，坐在宝座上，前面供龟蛇（玄武）。东西两侧的玄天上帝铜像为清代仿明代像铸造。

玄天上帝由真武神演化而来。真武神即玄武神，原为古神话中的北方神，即水神。元自北方来，元代开始尊称真武神为“帝”。明代

钦安殿。

永乐帝尊奉真武帝，应与朱棣镇守北方、兴于北地、迁都北京有直接关系。另有一说，朱棣率军南征“靖难”，真武显灵以天兵助朱棣夺取帝位。因此，永乐帝将真武神推到最高神的地位，奉为“玄天上帝”。永乐时，每年元旦、三月三日、九月九日及朔望日，都要举行国家祭祀典礼。

从钦安殿的陈设看，明永乐帝、弘治帝和嘉靖帝，以及清雍正帝、乾隆帝、嘉庆帝和道光帝，比较热衷于在钦安殿做斋醮（道场）。早期，因后宫坤宁宫直通钦安殿，不便大张旗鼓。自嘉靖帝建坤宁门与后宫隔离，建院墙封闭钦安殿后，斋醮活动就热热闹闹地开展起来了。明嘉靖帝和清雍正帝表现最积极，都曾诏江西龙虎山道士主持钦安殿活动，安排太监充当道士每日到钦安殿值班，诵经焚香。自康熙帝为太后做道场后，钦安殿道场在清代成为定例（可能也与清政府来自北方有关）。每年元旦，皇帝会到钦安殿拈香行礼。每遇节令，钦安殿即设道场。

御花园里钦安殿中的道场，实在是皇宫里的一道风景。想来不管是明朝还是清朝，越是位高权重者，越是不肯轻易放弃拜佛、拜神、做道场，越是要树立偶像、朝拜偶像。他们中的大多数大约因为明白自己的出处或来路而缺乏应有的自信，所以很需要凭借虚幻的偶像增加自信、获得他信。尤其是拜玄天上帝，更能确立“天子”的身份，自然会成为皇帝们愿意继承的传统。

坐落在汉白玉须弥座上的钦安殿面阔五间、进深三间，四周为龙纹、龙凤纹汉白玉栏杆、望柱。殿前月台宽敞。乾隆年间于前檐接盖抱厦五间，后拆除，21 世纪初大修时复原。此为大修复原抱厦后大殿前狭窄的走廊。

拥挤的御花园

进天安门，进端门，进午门，入皇宫，一直向前走，虽然建筑有高低，有大小，有上下，有起伏，有过渡，有节奏，但一条青石御道统一以贯之，真正做到了主体鲜明、重心突出、大气磅礴。虽然主体之外的建筑也不少，但与主体比起来，只能成为视觉上的空间隔断，可以忽略不见，而始终吸引眼球、紧紧吸引眼球的是太和殿、中和殿、保和殿、乾清宫、交泰殿、坤宁宫。

一旦过了坤宁宫，出了坤宁门，进了御花园，视觉突变，感觉突变，突然走进另一个世界——这正是紫禁城中轴线北面的御花园的独特之处。

虽然几百年前的环境问题远没有时下这么严重，可是那时候的皇帝营建自己的都城、皇城和宫城时，还是很讲究环境风水、很有生态意识的，而且只要想到就能做到。且不说紫禁城西边及西北的南海、中海和北海，北边的景山，南边的太庙和社稷坛，远一点的天坛、地坛、日坛、月坛和先农坛，更远的南苑、颐和园、圆明园、玉泉山等，均是些山水环绕、草木森森的去处。单是皇宫里称得上园林的也有好几处：慈宁宫花园、建福宫花园、宁寿宫花园、御花园。

御花园最有名，不只是参观必经之地。御花园北边紧靠红色的宫墙有一座用太湖石堆起来的假山，叫堆秀山。堆秀山巅有一座高高在上的亭子，叫御景亭。山顶的山石已经超过宫墙，从红色的宫墙外边看上去，高高的御景亭仿佛浮在高高的红色的宫墙上方。

御花园西边的千秋亭。

御花园东边的万春亭。

一位年轻的导游指着堆秀山上的御景亭，不无同情地对围着他的游客说：“进了宫的女人们再也没机会出去了，只能站在那上面看一眼外面的世界。”围着他的年轻人和老人不无同情地连连点头。

小伙子说得不错，外面的人严禁入内，里面的人不得轻易出外，连皇帝也不例外，更不用说女人和小孩了。堆秀山上的御景亭是皇帝重阳登高用的，想来平常日子里也不是谁想上就可以上去的。所以，一定要建一处御花园，好让皇帝，乃至让皇帝的女人和孩子们，有一个自由自在地接近花草树木、穿行亭台楼阁的地方。

就像本居于田野间的财主，起宅修院，也要在最后边的位置上修一处或大或小的后花园，为的是既要和一墙之隔的田野划清界限，又要在自家的院子里弄出一块有些田野味道的地方；既不让自家的女人孩子和左邻右舍的农妇农子混为一体，又要让他们享受到一些自然田园之乐。即便如家道中落的绍兴周家，被鲁迅自称为小康人家的周家，也有一个给自家小孩子们无限乐趣的百草园。紫禁城里的御花园就是皇帝给他的女人和孩子们修造出来的“百草园”。

按说东西 130 米、南北 90 米，占地约 12 000 平方米的御花园已经不算小了，可是自明初建园以来，历朝皇帝总想给他们的女人孩子更多更好的花木亭台，弄来弄去，硬是把一个移天缩地的御花园塞得满满当当。

处于中心位置的钦安殿体量最大，加上围墙，至少占去 2 000 平方米。其余不到 10 000 平方米的园子里，以钦安殿为中心，左右对称，建了 20 多座亭台楼阁，又占去 4 000 多平方米——御花园一半的面积就被建筑占据了。但由于建筑的造型布局精巧多变，名字又充满诗情画意，移步换景，倒也不觉得呆板枯燥。如钦安殿的东北是堆秀山，山上有御景亭；西北对应的则是两层楼的清望阁（清代改名延晖阁），上层高出宫墙，同御景亭一样，可以登临远眺，景山、西苑乃至京城尽在眼中，西山亦历历在目。如东面有摛藻堂、凝香亭、

从神武门城台看御花园堆秀山上的御景亭。御景亭左侧为钦安殿造型特殊的殿顶：四条正脊围成平顶，中置鎏金宝顶。为紫禁城中独有。

浮碧亭、万春亭、绛雪轩，西面有位育斋、玉翠亭、澄瑞亭、千秋亭、养性斋。假山、真水、奇石遍布，苍松、翠柏、绿竹、牡丹、芍药、玉兰遍植；甬路两侧，又有五彩卵石铺就人物、花卉、山水、戏剧典故图900余幅，行走其间，没法不眼花缭乱。被建筑界誉为“紫禁城中亭式建筑之首”的千秋亭和万春亭，在眼花缭乱中反倒失色不少。至于田野般的自然趣味，就更难感受到了。由此想来，拥挤的风景其实根本关不住可以在御花园里游来游去的女人们孩子们的心，反更让他们总想着攀上堆秀山，去看近水，看远山，看林野茫茫。

被扭曲的生命

一场大雪压断了御花园里的不少树枝。

故宫博物院研究明清家具的一位专家拣出一根杯口粗的柏树枝，数数年轮，足足160年。紫禁城中，碗口粗、桶口粗、一人合抱乃至两人合抱的古树老枝有的是。

乾隆年间的《钦定日下旧闻考》记载："御花园内珍石罗布，嘉木葱郁，又有古柏藤萝，皆数百年物。"乾隆《咏御花园藤萝》诗中有"禁松三百余年久"句。大概御花园里既有古柏藤萝，又有古松。现在御花园的古柏藤萝在东侧的万春亭北。不知从什么时候开始，枯死或老死的连理古柏枝干，被年年嫩绿一回的藤萝攀缘缠绕。

可以确切算出时间来的，是古柏藤萝的北边，位于摛藻堂与堆秀山之间的一株古柏。据乾隆帝自己说，他在下江南的船上做了一个梦，梦见御花园里的这株柏树跟着他下江南了。江南太阳如火，这柏树就站出来为他遮阳。回宫后，乾隆帝特地到御花园看望这株柏树，并亲封此柏为"遮阴侯"，还写了一首诗："摛藻堂边一株柏，根盘厚地枝拿天。八千春秋仅传说，厥寿少当四百年。"时在乾隆十四年（1749）。从那时至今，又过了270年。就按400年加270年算，柏树至少670岁，可知这"遮阴侯"是元朝的遗老了。"御园古柏森森列"，其中不少看起来比"遮阴侯"还要苍老。想想这地方曾是元皇宫的区域，它们比紫禁城还老也在情理之中。

按照现在对文物级的古树名木的挂牌保护管理办法，紫禁城里树

龄 300 年以上挂红牌的一级古树 105 棵，树龄 100 年以上挂绿牌的二级古树 343 棵。

其中数量最多的是柏树，想来除了取其长寿的寓意外，还与柏子谐音“百子”有关。松槐的数量次之，与周代朝廷植三槐，后人以三槐代“三公”（周代三种最高官职）相关。御花园里的龙爪槐正好是三棵，最大最老的那棵，主干周长达 163 厘米，据说树龄在 500 年以上。虽说 500 年只长了 3 米高，但盘结如盖、老态龙钟的枝干上长满绿叶，年年槐荫罩地。

御花园内坤宁门两侧，各有一株楸树卧在土里。树不高，可根部已经非常非常老了。传说楸树是清朝的皇帝从东北老家移来的。此后，征战各处，凡胜，必带当地的土回宫，培于树下。土堆便越来越高，树反而显得矮了，但地位更高了。

御花园里有名的绛雪轩，因轩前有五株古海棠而得名。乾隆为此写诗多首，如“绛雪百年轩，五株峙禁园”“名轩因对花，取意缘体物”。算来这棵古海棠至迟在康熙初年就有了。确实也有记载，康熙春日赐宴于内苑，曾“观花于绛雪，玉树临风”。花苞如胭，花开如脂，花飞如雪，的确是喝好酒、吟好诗的好景致。

可惜这样的好景致早已消失了。现在正对着绛雪轩的，不是“丹砂炼就笑颜微”的香雪海棠，而是一丛不怎么惹眼的灌木太平花。不过在春末夏初的和风里，倒也能开出一堆素雅清甜的小白花。然而，比起香雪海棠来，那气势可就差多了。

可宫里的人却很看重，把太平花称作“瑞圣花”，甚至把宫廷的命运与它们联系在一起：花若开得繁盛，天下就祥和太平。被英法联军劫掠焚毁的圆明园，废墟间竟有太平花开放，光绪帝专陪慈禧太后去观赏，群臣聚会赋诗，以为大清国就要“复兴”了。1911 年，御花园里的太平花开得格外旺盛，紫禁城里的最后一位皇太后高兴得不得了。可是没过多久，她就得为 6 岁的末代皇帝签发“退位诏书”。

坤宁门前的楸树。

我常常看见人们欢欢喜喜地在御花园里一株又一株的“连理柏”前照相留影。其实，帝王们并不关心“在天愿作比翼鸟，在地愿为连理枝”的世俗心愿。他们关注的是史籍中记载的“王者德化洽，八方合为一家，则木连理”，相信的是“木同本异枝，其君有庆”的说法。于是，下面的人便用人工扭曲的手段捏造出天示的祥瑞来：钦安殿前的连理柏，是把分植的两株从上面拧在一起的；万春亭旁的连理柏，是把一株从中间劈开分植两处，让上部还连着。那拧起来的结，那劈开的伤痕，不管过去了多少年，仍显露得清清楚楚。

人们更惊奇一株又一株松柏的躯干上为什么布满那么多大大小小的瘤状物而凹凸不平，没有其他的解释，只能说被扭曲的生命因见证了无数被扭曲的生命而更加凸凹不平，太苍老的生命因见证了太多的苍老而更加苍老。正是这些苍老的生命，用它们的苍老苍劲且苍翠与红墙黄瓦的绝色组合，与流动的风、飘移的日月光影的绝色组合，无声地抚慰着寂寞的宫殿。我经常看见一群群的参观者，站在仍然枝繁叶茂和虽然已枯干却依然顽强挺立的松柏周围，久久不肯离去。

御花园龙爪槐。

御花园里的英语老师

御花园西南角的养性斋，是一座颇为特殊的建筑。转角楼，平面呈凹字形，双层，上层出回廊。这样的结构造型在紫禁城里是稀有的。更为特殊的是，这里曾是末代皇帝溥仪的英语老师庄士敦办公和居住的地方。

1919 年，即五四运动那一年，溥仪 14 岁，一个名叫庄士敦的英国人进入紫禁城，成为溥仪的外籍“帝师”——英语老师。庄士敦出生在英格兰，是牛津大学文学硕士。进宫之前，分别在香港、英国租借地山东威海卫工作，汉语流利，对中国文化和宗教有比较深入的理解和研究。选择英国人庄士敦做溥仪老师的主要原因是当时中国政府的执政者希望中国能够逐渐发展成像英国那样的君主立宪国家。能够决定这件事的人们，不仅要求庄士敦教溥仪英语，还希望对这位年少的逊帝有多方面的影响。在此后的几年里，紫禁城的御花园中，经常出入一位蓝眼睛、黄头发、白皮肤、西装革履的“洋老师”，有时候又变成身着中国宫廷式官袍和顶戴的“洋师傅”。这个现象很有意思。英国是老牌的资本主义国家。17 世纪西方资本主义已经形成，英国就是代表。18 世纪西方工业革命的龙头也是英国。火烧圆明园的有英军，侵入紫禁城的八国联军中也有英军。中国和西方的关系，竟以这种奇异的方式投影于少年逊帝。

这个时候的北京，与故宫仅仅一墙之隔的地方，则完全是另一个轰轰烈烈的崭新世界。位于故宫东北角不远处的北京大学，在辛亥革

御花园西南角的养性斋。

命之后很快成为中国新文化运动的发源地。新文化新思想风起云涌，新人物层出不穷，各类社会团体活动频繁，传播信息和宣传各自主张及言论的报纸杂志花样翻新。新气象与旧宫殿，新青年与遗老遗少，新文化、新道德、新思想与旧文化、旧道德、旧思想，民主科学与封建愚昧，新世界与旧世界，也就一条护城河的距离。

庄士敦从进入紫禁城的那一天起，在教溥仪英语的同时，自然也在有意无意地用西方的文化思想影响他的下了台的中国皇帝学生。超出所有人的想象，比溥仪大 30 多岁的庄士敦与溥仪相处得非常融洽、非常亲密，远远超过了溥仪与其他“遗老”“帝师”的关系。因为只有庄士敦才有可能在在人格平等的基础上对待溥仪，不把溥仪当作

“皇帝”，而只是当作一个孩子来亲近，这连溥仪的父亲也无法做到。在溥仪看来，庄士敦完全不是一位古板的“帝师”，更像是一位慈祥的大叔。溥仪让庄士敦给他起一个英文名字，庄士敦列出一串英国皇家贵族的名字让他选择，溥仪选了“亨利”，在以后的许多年里一直使用。溥仪婚后，还亲自给婉容起名“伊丽莎白”。

庄士敦鼓励溥仪吸取新鲜的空气，建议溥仪阅读新的报刊，接触新派人物。庄士敦是有选择的，他选择倾向英美自由主义的新人物，建议溥仪见见胡适。

1922年，在庄士敦力主下，宫里给溥仪装了电话，溥仪试着玩，打电话就打到胡适那里了。胡适虽已是新文化运动的大名人，但还是有些异样的兴奋，毕竟是“皇帝”亲自打过来的。溥仪接着把胡适请进宫里，当面“垂询”。胡适惊讶于深宫里的溥仪居然也看新报新刊，也读他们的新诗。溥仪居然还很具体地问到康白情、俞平伯的新诗，并说他赞成白话，也试着写新诗。这肯定使这位极力倡导白话文，出版了中国第一部新诗集《尝试集》的新人物大为感动。他们还谈到皇产的问题，以及出国留学的事。胡适给溥仪出了些皇产清理、独立生活的主意。在清室财产是公还是私的问题上，胡适持清室私有论，主张作价有偿收归国有。也许是胡适的主张深得溥仪欢心，1924年溥仪再度召见胡适。溥仪被逐出故宫后不久，胡适还到溥仪住处拜访，说了些鼓励溥仪出国访问的话。这和庄士敦的主张非常一致。胡适很想以他的方式影响这位“寂寞”“可怜”的“年轻人”。

1924年，来自英国殖民地印度的大诗人、诺贝尔文学奖获得者泰戈尔访华。庄士敦向溥仪介绍泰戈尔，推荐泰戈尔的诗，建议溥仪邀请泰戈尔来紫禁城，溥仪很高兴地答应了。泰戈尔来访，陪同并做翻译的有诗人徐志摩及才女林徽因等。溥仪在御花园迎接，在养性斋设宴招待。泰戈尔把自己的一幅大白胡子画像赠送给溥仪。白胡子诗人与摩登男女和皇帝在御花园里吃饭、喝咖啡、喝英式下午茶，也算是御花园里难得的别致风景。

庄士敦一方面真诚地关爱呵护着他的小学生，一方面一直担心溥仪无法走出皇宫的牢笼。虽已败落却仍很壮观威严的皇宫的控制与诱惑、太后效仿慈禧的管束、遗老遗少们日日的磕头请安，尤其是既没文化又极贪婪且善于逢迎拍马钻空子的太监们的围攻——庄士敦为溥仪深感不安，甚至深感恐惧。

事实证明，仍被关在禁宫深处的末代皇帝溥仪，不可能被庄士敦轻易地“西化”，也不可能因阅读新报新刊，以及与胡适、徐志摩这样的新派人物来往而被“新化”。

庄士敦想“西化”溥仪，也想“西化”中国，但他没有那么大的能力，最后的结果却是他自己反被“中国化”了。至少在行动上，他对溥仪完全是臣子对皇帝的姿态——磕头、请安，俯首称臣，一律遵循宫里的规矩。在他的人生历程里，与溥仪在一起的岁月，毫无疑问是他最得意、最风光的时期，也是日子过得最滋润的时期。一切来自中国式皇权的余威。庄士敦离开溥仪以后，不论是在中国还是在英国，只要有机会，就会想办法去拜谒溥仪。晚年回到英国以后，他似乎已经无法融入西方文化了。他一直惦记着溥仪，溥仪似乎是他永远的“皇帝”。他无法摆脱回到英国后的孤独。他在英格兰高地买了一座小小的岛屿，在小岛上盖了一座房子。小岛叫“国王之岛”，房子取名“帝室”，房子门口挂了一面旗子，旗子上写着“满洲国”三个字——因为那时的溥仪正做着伪满洲国的“伪皇帝”。

后宫里的末代顽主

清朝最后一个皇帝溥仪 3 岁登基，6 岁退位。溥仪 6 岁后虽然不是皇帝了，但仍住在紫禁城中，直到 19 岁才离开。在这段时间里，原皇宫的后宫依然以“小孩子”逊帝溥仪为中心，维持着“小皇宫”的状态。中国末代“小皇帝”虽然失去了皇帝身份，也失去了皇帝权力，可是，依然使用着皇帝的尊号和年号，维持着皇帝的架子，依然被宫中的人前呼后拥，日日接受宫里人的磕头请安，虽然只是在不为外部知道、不为外界关注的小范围里。

在英国老师担心溥仪的体魄、智能和精神被严重扭曲的同时，从另一方面看，宫中秩序已非往昔，退位后的溥仪很少受到约束与管教，与之前的少年皇帝、皇子皇孙比，他的少年生活无疑是几百年里最肆无忌惮、随心所欲、快乐快活的。

小朝廷虽然没什么正经事可干了，可吃闲饭的并未减少。溥仪即位的宣统元年（1909），管理宫廷事务的内务府官员共 1 000 多人，民国初减到 600 多人，到溥仪出宫时还有 300 多人。另有太监、宫女上千人，溥仪裁减过一次，到出宫时，还有太监 400 多人、宫女 100 多人。光是养这么多人，需要多大的开支？仅吃饭一项，溥仪一声“传膳”，立即有十几名太监抬着 7 张膳桌、捧着数十个朱漆金龙食盒送进养心殿。据一本旧账所记，在寒冬到来前的一个月里，就给溥仪做了皮袄、皮袍、皮褂和棉衣裤等 53 件，正式工料不算，仅装饰针线零星杂项就花掉银圆 2 130 块。

21 世纪初复建建福宫时，特别将被烧毁的痕迹保留并展示出来。

溥仪虽没能从英国老师庄士敦那里得到什么真才实学，事实上庄士敦也给不了他多少新文化新思想，倒是从老师的言谈举止中知道了不少皇宫之外的新鲜事，乃至中国之外的新鲜事。庄士敦让溥仪订阅了十多种外国杂志画报，溥仪就命内务府按照上面的宣传图片，买洋狗，买洋式家具，买钻石，买西服，买庄士敦佩戴的那种怀表、戒指、别针、领带。溥仪养的中外名犬，最多时有 100 多只，如羊群一般。一些曾被叫作“奇技淫巧”的新奇玩意儿纷纷进了故宫。身居故宫深处的溥仪绝对是那时的时尚少年：念英语，看电影，听留声机，养洋狗，玩玩具，剪辫子，穿西装，吃西餐，戴墨镜，骑自行车，玩照相机，弹钢琴，读新报刊，打电话，光着膀子打网球，穿着时尚运动服打高尔夫球……英国三枪牌、双枪牌、美人牌，德国蓝牌，法国雁牌、狮子牌自行车，20 多辆，玩腻了送人，再买。后宫里不少通道上的门槛被锯掉，就是为了给溥仪在宫里骑自行车转悠开辟无障碍通道。后

21 世纪初复建的建福宫主体建筑延春阁。

来看见庄士敦开着福特牌小汽车到宫里上班，便又喜欢上小汽车，花大价钱买了美国通用的别克轿车。溥仪在庄士敦的影响下沾染了太多的西方“绅士范儿”，与本来就有的小皇帝派头一混搭，活脱脱一个“中西合璧”的小顽童、小顽主。

维持小皇帝的奢华生活、小朝廷的体面排场，挥霍浪费，仅靠民国政府的优待皇室费显然不够，何况政府也常常无力如数支付。钱不够花怎么办？只好用宫中的金器、古玩向银行抵押借钱。后来由抵押借款，发展到倒腾宫中文玩。对溥仪来说，他觉得自己还是皇帝，紫禁城就是他的家，他有权支配那些东西。虽然自我感觉底气十足，但到底心虚，随意赠送宫里的珍贵物品总不是十分地理直气壮了，往宫外转移也多半有些偷偷摸摸的样子。就这样，溥仪还是把宫里好多珍稀物品赠送给当时的各级政府官员，具体多少不可计数；通过弟弟溥杰转移出宫的物品也不可计数，光是历代书画就有千余件。上行下效，他身边的那些人也变着法子往外拿。庄士敦提醒溥仪，说自己的住宅所在的地安门街上，就有多家由太监、内务府官员开的店铺，得管一管。溥仪说，那好吧，明天就查。当天晚上集中存放古物的建福宫就被大火烧毁了。事后光从灰烬里就捡出数十斤熔化成一片片一团团的黄金。金佛像以及历代书画、瓷器、青铜器、古籍善本，到底烧毁多少，谁也无从知晓了。也许溥仪并不怎么心痛，他可能也知道这么多东西迟早不是他的。所以，他把废墟草草整理了一下，就做了自己的网球场和自行车车技训练场。

最后的神武门

紫禁城的北门神武门，与同在紫禁城中轴线上的南门午门，一南一北，隔宫守望。

神武门初建时名玄武门。玄武之名，古已有之。以往朝代的宫殿北门，也有叫玄武门的。中国古代四方神中，玄武主北，玄武神历来被奉为护佑国家的北方大神。建造紫禁城的朱棣皇帝，守护北方，崛起于北方，故把北方大神的地位提到最高，重新命名玄武神为玄天上帝，也在尽力把自己打扮成玄天上帝的化身。紫禁城内中轴线上最北面的宫殿钦安殿，祭祀的就是玄天上帝。玄武门就在玄天上帝的身后。清代因避康熙帝玄烨名讳，才改名为神武门。

神武门门楼上设钟鼓，向南与午门门楼上的钟鼓，向北与北京城中轴北端地安门外的钟鼓楼南北呼应。每天晚上，依据更点敲钟击鼓，从头天晚上的起更，到第二天凌晨的五更，每更一人，轮流值班。日日暮鼓朝钟，虽可为宫廷与京城统一时辰，但这依时按点的钟声鼓声，大概也会影响皇帝的睡眠。清朝的时候，皇帝不在宫中居住时，每天起更前，神武门鸣钟 108 声，每更击鼓，第二天五更后再鸣钟；皇帝在宫中居住时，每更只击鼓，不鸣钟。

1925 年故宫博物院成立时，出现在神武门入口处正中门洞上方的木质匾额。

现在神武门入口处正中门洞上方的“故宫博物院”石质匾额。

院物博宫故

故宫博物院

同样是鸣钟击鼓，神武门与午门的钟鼓声是不一样的。午门的钟鼓声配合皇帝的行动，由皇帝的行动决定，如皇帝临太和殿大朝会，午门钟鼓齐鸣；皇帝出宫祭社稷坛、天坛、地坛，鸣钟；祭太庙，击鼓。由皇帝的行动决定的午门的钟鼓声是仪式性的，而神武门的钟鼓声则是时间性的，是由时间决定的。午门的钟鼓声制造和渲染皇帝的威严与气势，神武门和钟鼓楼的钟鼓声则是用时间显示规范与制度，用声音提醒遵守与服从。

遵循古代前朝后市的布局，明代于每月的初四、十四、二十四日在神武门外开设民间市场，偶或举行盛大庆祝活动，是京城百姓可以近距离观望皇宫的难得时机。清代取消了市场，但遇有值得大庆的事情，也会在神武门举行盛大庆典。如康熙帝取得削平三藩、统一台湾的重大胜利后，在神武门外举行盛大的露天宴会及歌舞娱乐表演。搭建高台，演出戏剧，甚至推出使用真虎、真象、真马的类似马戏团的表演。入夜，彩灯、明月、宫墙、城楼相辉映，鞭炮连天，神武门外京城民众彻夜狂欢。据说演出间歇，康熙皇帝还亲自登上高台，向百姓们抛撒银钱。不过，此种行为不是康熙帝的作风，康熙皇帝再兴奋，再表示“与民同乐”，大概也不会如暴发户般用金钱戏弄百姓。

从神武门开市来看，明代还真有些市场、商业、商品意识与空间。在皇宫的后门外固定时间开市，很可以起到些作为权力中心的宫廷鼓励开放市场的作用。但也有与此相关却很怪诞的事情发生在神武门内。有的皇帝可能对民间的买卖交易既好奇又甚有兴趣，但遗憾的是不可能每逢开市就跑到神武门外混进生意人堆里。明朝最爱游乐的正德皇帝朱厚照，忽然冒出一个主意，并立即实行：在神武门内东西两侧靠城墙的叫作廊下家的长房里，开设六家店铺，分别叫作宝和、和远、顺宁、福德、福吉、宝延，店铺货品来自宫中储存财物及各地贡品。宦官扮作店铺掌柜，皇帝扮作做生意的买卖人，手拿账簿、算盘，与一个个“掌柜”讨价还价，你来我往，争得不可开交。为调解商业纠纷，还特设一名“市正”做仲裁。生意做累了，在宦官的簇拥下，皇帝来到仿民间酒肆的廊下酒家。那时廊下家一带栽有不少枣树（现仍有若干），宦官们用熟透的枣做酒曲酿酒外卖，因沾了皇气，居然成了颇有名气的“廊下内酒”，也算宫里的“文创品”吧。宫女们扮作酒肆服务生，招呼皇上买醉。皇上醉了就地倒头便睡，酒醒了再玩，有时连玩数天。如此宫中奇事，或许与明代市场经济发育有关。若由此有力推动商业发展，也算幸事，可惜的是，仅仅是皇帝个人的一己爱好、一时兴起而已。虽然不好与清代的康熙皇帝热衷于数学、科学仪器相提并论，但从没能把皇帝的个人爱好与努力，通过帝王的集权，推广、转化为社会生产力发展和社会转型进步方面看，本质上没什么两样。

与皇宫禁地的其他地方比起来，神武门内外确实是一处比较热闹的地方。清朝的皇帝们一年里有不少时间不住在紫禁城里，他们从远处的避暑山庄或近处的圆明园、颐和园回来，多从神武门入宫。神武门也是后妃和皇室成员出入皇宫的专用通道。皇帝出巡，从午门出宫，而随行的嫔妃，则须从神武门出宫。为确保皇家的安全安稳，神武门的严防死守更为紧要。

可是，神武门外人造的“靠山”（景山）靠不住，神武门内祈求玄天上帝的护佑也护佑不了，叫玄武门或改为神武门都不管用。明朝最后的崇祯皇帝朱由检，从神武门跑出去，跑到景山吊死了，长达270多年的明帝国就此终结；清朝最后的宣统皇帝溥仪，也是中国帝制史上最后的一个皇帝，被“请”出皇宫，也是从神武门出去的，长达290多年的清帝国，至少从秦始皇开始的长达2 000多年的中国皇帝时代就此终结——神武门是帝制终结之门。从1925年神武门挂起“故宫博物院”牌匾开始，一人一姓的皇宫禁地转型为人人可以自由出入的公共文化空间——神武门又成为见证历史巨变和文化转型之门。

神武门外，护城河边，太阳正在升起。